조선의 장서가,
책을 소유하다

# 조선의 장서가,
## 책을 소유하다

| | |
|---|---|
| 초판 1쇄 인쇄일 | 2025년 11월 19일 |
| 초판 1쇄 발행일 | 2025년 11월 26일 |

| | |
|---|---|
| 기 획 | 한국국학진흥원 |
| 지은이 | 손계영 |
| 펴낸이 | 한선희 |
| 펴낸곳 | 국학자료원 새미(주) |
| | 등록일 2005. 03. 15. 제395-3240000251002005000008호. |
| | 경기도 고양시 덕양구 권율대로 656 원흥동 클래시아 더 퍼스트 1519, 1520호 |
| | Tel 02)442-4623 Fax 02)6499-3082 |
| | www.kookhak.co.kr |
| | kookhak2010@hanmail.net |

| | |
|---|---|
| ISBN | 979-11-6797-284-2 *94910 |
| | 979-11-6797-264-4 *94910 (세트) |
| 가격 | 16,000원 |

ⓒ 한국국학진흥원 인문융합본부, 문화체육관광부

한국국학진흥원 전통생활사총서 60

손계영 지음
한국국학진흥원 기획

# 조선의 장서가,
# 책을 소유하다

국학자료원

한국국학진흥원은 2022년부터 문화체육관광부의 지원 아래 전통생활사총서 사업을 기획하였다. 이 사업은 전통시대 생활문화를 대중에게 널리 알리고자 해마다 20명의 생활사 전문 연구진을 섭외하여 추진해 왔다. 지난해까지 40종의 총서를 대중에게 선보였고, 올해도 다채로운 주제를 담은 20권을 발간하였다.

한국국학진흥원은 국내에서 가장 많은 67만여 점에 이르는 민간 기록물을 소장하고 있는 기관이다. 대표적인 민간 기록물이라 할 수 있는 일기와 고문서는 당시 사람들의 일상을 세밀하게 이해할 수 있는 생활사의 핵심 자료이다.

그동안 한국의 역사는 '조선왕조실록'이나 '승정원일기'와 같이 세계적으로 자랑할 만한 국가 기록물의 존재로 인해 중앙을 중심으로 이해되어 온 경향이 있다. 반면 민간의 일상생활에 대한 이해와 연구는 상대적으로 덜 주목받은 것도 사실이다. 다행히 한국국학진흥원은 일찍부터 민간에 소장되어 소실 위기에 처한 자료들을 수집하고 보존 처리하며 관리해 왔다. 나아가 이들 자료를 번역하고 심층 연구하여 대중에 공개했다. 이러한 민간 기록물을 활용하고 일반 대중에게 기여할 수 있는 효과적인 방법으로, '전통시대 생활상'을 생생하게 재현한 대중서로 집필하기에 이르렀다. 이는 일반인이 쉽고 재미있게 읽을 수 있는 전통생활사총서를 간행한 이유이기도 하다.

총서 간행을 위해 일찍부터 생활사의 세부 주제를 발굴하는 전문가 자문회의를 개최하고, 전통 생활문화를 가장 잘 구현할 수 있는 핵심 키워드를 선정하였다. 인간의 생활을 규정하는 보편적 분류인 정치, 경제, 사회, 문화의 큰 틀 아래, 매년 각 분야에서 핵심적이고 흥미로운 키워드를 선정하여 집필 주제를 정했다. 이번 총서의 키워드는 정치는 '지방 수령의 생활', 경제는 '시장 경제와 화폐 유통', 사회는 '질병과 의료', 문화는 '여가생활'이다.

각 분야마다 5명의 전공자로 집필진을 구성하고, 독자들이 어디서나 가볍게 들고 다니며 쉽게 읽을 수 있도록 다양한 사례를 풍부하게 담아달라고 요청하였다. 풍부한 사례 제시와 더불어 전문 연구자의 깊이 있는 시각을 담아 대중성과 전문성을 동시에 담보할 수 있는 것이 본 총서의 매력이다.

전문적인 서술로 대중을 만족시키기는 결코 쉽지 않다. 원고 의뢰 이후 5월과 8월에는 각 분야의 전공자를 토론자로 초청하여 2차례의 포럼을 진행하였고, 11월에는 완성된 초고를 바탕으로 대규모 학술대회를 개최하였다. 포럼과 학술대회를 통해 원고의 방향과 내용이 더욱 견고해지도록 점검하는 시간을 가졌다. 원고 수합 이후에는 각 책마다 전문가 3인의 심사 의견을 받았다. 출판사를 선정하여 수차례의 교정과 교열 작업을 거치며 완성도를 극대화했다. 책이 세상의 빛을 보기까지 꼬박 2년이 걸렸다. 짧다면 짧은 기간이지만, 2년의 응축된 시간 동안 꾸준히 검토 과정을 거쳤고, 토론과 교정을 통해 원고의 완성도를 높이기 위해 분주히 노력했다.

전통생활사총서는 국내에서 간행하는 생활사총서로는 가장 방대한 규모이다. 국내에서 전통생활사를 연구하는 학자 대부분을 포함하였다. 2024년도 한 해의 관계자만 연인원 백 명이 넘는 명실공히 국내 최대 규모의 생활사 프로젝트이다.

1990년대 이후 폭발적으로 증가했던 일상생활사와 미시사 연구에 대한 학계의 관심이 근래 들어 다소 소홀해진 상황이다. 본 총서의 발간이 생활사 연구에 활력을 불어넣는 계기가 되기를 기대한다. 연구의 활성화는 연구자의 양적 증가로 이어지고, 연구의 질적 향상 또한 이끌 것이다. 이는 전통문화에 대한 대중들의 관심 역시

증폭시키는 선순환을 만들어 낼 것이라 고대한다.

본 총서는 한국국학진흥원의 연구 역량을 집적하고 이를 대중에게 소개하기 위해 기획된 대표적인 사업 중 하나이다. 참여 연구자의 대다수가 전통시대 전공자이며 앞으로 수년간 지속적인 간행을 준비하고 있다. 올해에도 20명의 새로운 집필자가 각 어젠다를 중심으로 집필에 들어갔고, 내년에 또 20권의 책이 간행될 예정이다. 앞으로 계획된 총서만 100권에 달하며, 여건이 허락하는 한 이 소중한 작업을 지속할 예정이다.

대규모 생활사총서 사업을 지원해 준 문화체육관광부에 감사하며, 본 기획이 가능하게 된 것은 한국국학진흥원에 자료를 기탁해 준 분들 덕분이다. 다시 한번 깊이 감사드린다. 아울러 총서 간행에 참여한 집필자, 토론자, 자문위원 등 연구자분들께도 진심으로 감사 인사를 전한다. 책의 편집을 책임진 국학자료원에도 고마움을 표한다. 이 모든 과정은 한국국학진흥원 여러 구성원들의 노력이 있었기에 가능했다.

2025년 11월
한국국학진흥원 인문융합본부

## ◈ 차례

# 3. 장서가는 어떤 기준으로 책을 분류했을까? 109

# 1

## 장서가는 어떻게
## 책을 수집했을까?

장서가들은 다양한 방식과 경로를 통해 책을 수집하였다. 저들이
선택한 수집 방식과 책을 구비하기 위한 노력은 자신을 둘러싼 집
단에 지식과 문화를 전파하는 데 중요한 매개가 되었다. 이 글에서
는 지식인들의 일기와 그들의 장서에 남겼던 개별적인 기록들을 통
해 조선시대 문인들의 서책 수집 방식과 경로에 관한 실제 사례들
을 들여다보고자 한다. 이를 크게 나눠보면 국왕으로부터 내사본을
하사받은 경우, 옛날의 책방 격인 서사書肆에서 책을 구매한 경우,
지방관아로부터 책을 선물로 받은 경우, 백일장 수상으로 책을 받
은 경우, 그리고 개인의 재물을 투입해 책을 구매한 경우로 구분된
다. 이에 각각 해당하는 내용에 따라 책을 소유하기까지의 실제 과
정을 살펴보겠다. 서책 수집에 따른 다양한 행위들은 당시 지식인
들의 학문적 열망과 사회적 지위를 드러내는 척도가 된다. 이러한
점에서 장서가들의 서책 구입 과정을 들여다보는 것은 조선시대 장
서 문화와 서적 유통의 구조를 이해하기 위한 중요한 밑거름이 될
것이다.

## 임금에게 서책을 하사받다

조선시대의 국왕은 국가에서 간행한 서책을 신하들이나 각 기관에 하사하였는데, 이때 하사한 서책을 내사본內賜本이라 한다. '내內'는 '대내大內', 즉 국왕을 뜻하고, '사賜'는 '하사下賜'를 뜻하는 것으로 국왕이 하사한 책을 의미한다. 중앙에서 서책을 간행할 때 그 부수는 제한적이었고, 내사본을 하사받는 이들은 국왕의 검토와 선정을 통해 결정되었다. 따라서 일반 유생이 내사본을 받기는 어려웠으며, 주로 왕실의 종친이나 중앙과 지방의 관료를 대상으로 하사되었다.

### 내사본의 하사와 전달

국왕의 내사본 제도는 세종 대부터 시작되었던 것으로 확인된다. 1440년(세종 22)에 세종은 주자소鑄字所에서 인쇄된 서책을 품등에 따라 나눠줄 때, 서책을 받는 이들이 마음을 다해 장황粧䌙하지 않아 책이 상하게 될까 우려하였다. 이로 인해 책을 하사받고 3개월 내에 스스로 장황하고 승정원에 가져가 선사기宣賜記를 받도록 하였던 것이 내사 제도의 시작이었다.[1] 이후로 내사에 관한 보다 구체적인 제도와 절차가 마련되었다.

『미암일기眉巖日記』를 저술한 16세기 문인 미암眉巖 유희춘柳希春 (1513~1577)은 내사본을 하사받았던 과정을 일기에 다음과 같이 기록하였다.

> [1573년 1월 25일] 승정원의 박윤정朴允貞이 임금께서 내려주신『예기』첫 번째 책을 가지고 왔다. 감사히 절하고 감사히 절한다. 삼가 보배롭게 간직하여 길이 자손에게 전하리라.
> [1573년 1월 28일] 교서관 사람이 임금께서 나에게 하사하신『예기』20책을 가지고 왔다. 감격스럽고 기쁘기 한량없다.[2]

1573년(선조 6)에 유희춘은『예기禮記』를 두 단계에 걸쳐 하사받았다. 첫 번째는 승정원에서 나온 박윤정으로부터『예기』의 제1책만 전달받았으며, 두 번째는 사흘 뒤에 교서관에서 나온 사람으로부터 나머지 20책을 받았다. 두 단계에 걸쳐 내사본을 수령하게 된 이유는 승정원에서 제1책의 앞부분에 내사한다는 사실을 적은 내사기內賜記를 기록하고 내사인內賜印을 날인해야 했기 때문이다. 승정원에서는 교서관으로부터 첫 번째 책만 미리 받아 내사기와 함께 내사인을 찍어 하사받는 이에게 전달하였고, 나머지 책은 교서관에서 보관하고 있다가 당사자에게 전달하였던 것이다.

16세기 영주 출신의 문신이자 학자였던 박승임朴承任(1517~1586)의 내사본(그림 1)을 통해 내사기 작성과 내사인 날인의 형태를 살펴볼 수 있다. 1581년(선조 14)에 박승임은 선조로부터 『농사직설農事直說』 1부를 하사받았다. 앞표지 안쪽 면지의 빈 여백에 내사기를 기록하였는데, "만력 9년(신사, 1581) 12월 일에 춘천 부사 박승임에게 『농사직설』 1건을 내사하니, 사은謝恩하지 말 것을 명하노라."라고 적었다. 끝에는 승정원 담당자인 우부승지右副承旨의 성과 서명을 기록하였다.[3] 내사기에는 임금이 하사한 선물에 대해 사은

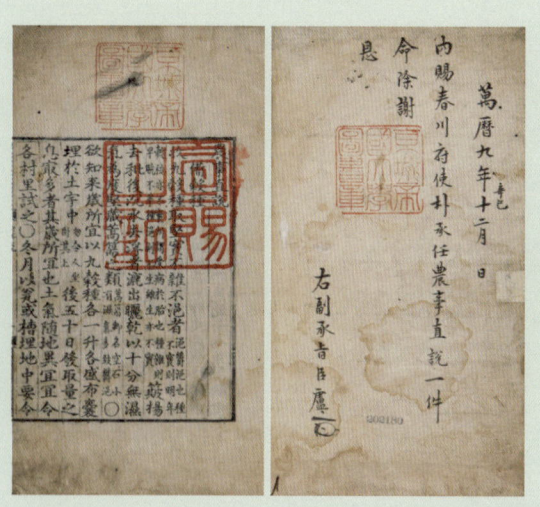

**그림 1**
1581년 박승임의 내사본 『농사직설』,
서울대학교 규장각한국학연구원 소장

숙배하지 말 것을 명한다는 의미로 '명제사은命除謝恩'이라는 문구를 반드시 넣었다. 내사인은 본문이 시작되는 첫 번째 면의 광곽匡郭 안쪽 우측 상단에 날인하였고, 당시 사용하였던 내사인은 "선사지 기宣賜之記"라는 인문을 새긴 인장이다.

박승임은 1581년 춘천 부사로 근무할 때 『농사직설』을 하사받았다. 『농사직설』은 우리나라 풍토에 맞는 농법을 중심으로 지역에 따라 적절한 농법이 수록되어 있고, 곡식 작물 재배를 중점으로 다루고 있어 지방 권농관의 지침서가 되었던 농서이다. 각 지역을 다스리는 지방관에게 반드시 필요한 실용서였기에 춘천 부사 박승임에게도 하사되었던 것으로 보인다.

### 내사본을 하사받은 이들의 감정과 표현 방식

국왕에게 내사본을 하사받았을 때 당사자는 어떤 감정이 들었을까? 1581년에 박승임이 하사받았던 『농사직설』과 동일한 판본을 하사받은 또 다른 인물이 있었다. 그가 하사받았던 『농사직설』의 내사본 실물은 확인되지 않지만, 내사본을 받은 이후 느낀 감정을 자신의 문집에 다음과 같이 기록하였다.

내사본 『농사직설』 뒤에 쓴다. 만력 신사년(1581, 선조

14) 봄에 나는 부름을 받고 서울로 달려갔는데, 병을 앓고 있어 일찍 물러나지 못하는 바람에 8월에 이르러서야 경연 經筵에 출입하라는 명이 있었다. 이때 신료들에게 도서圖書를 하사하셨고, 나도 책을 받았다. 『천문도』, 『적벽부』, 『소학집설』, 『농사직설』이 모두 이 해에 하사받은 것이다.

**나는 시골의 미천한 사람으로 앞으로 나아가 성상께서 하사하신 것을 받으니, 일찍이 생각지도 못한 것이었다. 보배로운 물건을 만져 보니 영화로움과 다행스러움을 이길 수 없었다. 그중에 이 한 책은 참으로 농사짓는 묘결妙訣이 담겨있으니, 농부가 우선 힘써야 할 바이다. 이번에 전원으로 돌아가도록 은혜롭게 허락해 주셨으니, 물러나 백성들과 지내면서 이웃집 늙은이들과 함께 동쪽과 북쪽 언덕 사이에서 뽕나무를 가꾸고 삼을 기르는 방법을 이야기할 것이다. 이 책을 읽으며 서로 강론하고 쟁기 자루를 잡고 들로 나아갈 것이니, 미천한 신하가 군주께서 하사하신 물건을 받아 이용하는 목적이 바로 이 책에 있게 될 것이다.** 공경히 보던 끝에 감탄하는 마음을 이길 수 없으므로 아래에 써서 기록하는 바이다. 다음 해인 임오년(1582) 7월 일에 전사직司直 신 성혼成渾은 삼가 기록한다.[4]

위 글을 쓴 사람은 16세기 문신·학자이자 서인의 학문적 원류를 형성하였던 우계牛溪 성혼成渾(1535~1598)이다. 그는 박승임과 같은 시기에 동일한 내사본을 하사받았다. 성혼은 1581년 3월에 내섬시內贍寺 첨정僉正에 제수되었다가 8월에 풍저창수豊儲倉守에 임명되었는데, 아마 당시에 『천문도』, 『적벽부』, 『소학집설』, 『농사직설』 등 4종의 내사본을 하사받았던 것으로 짐작된다. 그리고 이듬해인 1582년 5월에 사옹원정司饔院正에 제수된 뒤에 이전에 하사받은 『농사직설』 뒷부분에 위 내용을 기록한 것이다.

성혼이 임명되었던 풍저창은 궁중에서 사용하는 쌀 등 곡물의 출납을 관장한 기관이었고, 사옹원은 계절에 따라 생산되는 과일이나 농산물을 제단에 올려 차례를 지내고 지방 특산물을 왕에게 올리는 것을 관장했던 기관이다. 성혼을 중앙의 농사 관련 기관장으로 임명한 선조의 뜻과 달리 성혼은 당시 병을 이유로 여러 차례 사직상소를 올려 귀향하려는 뜻을 품고 있었던 것으로 확인된다. 위의 기록에는 선조로부터 하사받은 농서에 설명된 뽕과 삼을 기르는 법을 촌로들과 서로 이야기하며 직접 들에 나아가 농사를 지어보겠다는 전원의 꿈이 소박하게 묘사되어 있다. 선조로부터 하사받은 『농사직설』을 '보집寶什'이라 표현한 데서 성혼이 임금의 하사품을 얼마나 소중하게 대했는지 느낄 수 있다. 농서에 기록된 농법의 이론을

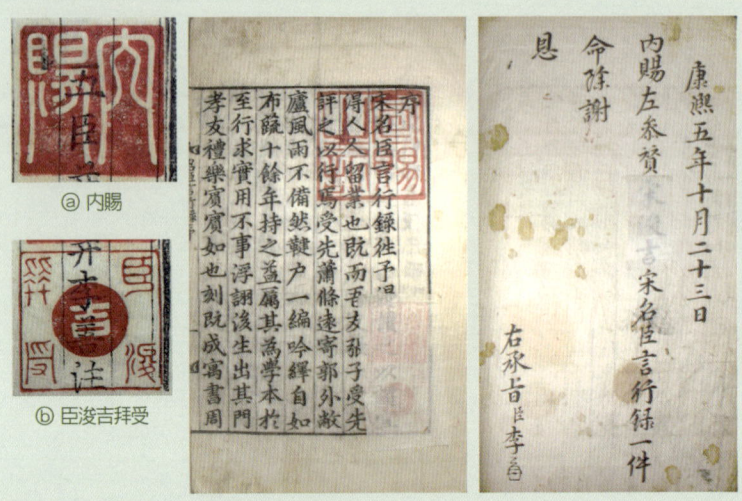

ⓐ 內賜

ⓑ 臣浚吉拜受

**그림 2**
1666년 송준길의 내사본 『송명신언행록』, 대구시립박물관 소장, 동춘당후손가 가전

전원에 나아가 실천하는 것이 바로 임금께서 책을 하사하신 뜻을 이루는 것이라는 다짐에서 내사의 물건을 대하는 신하로서의 감정이 잘 묻어난다.

내사본을 하사받았던 신하들은 국왕의 은혜로운 선물에 대해 직접적인 감사 인사를 드리는 사은숙배를 할 수 없었기에 각자의 방식대로 감사를 표하였다. 그러한 표현 방식 중 하나가 장서인藏書印의 날인이었다. 17세기의 문신 동춘당同春堂 송준길宋浚吉(1606~1672)은 현종으로부터 책을 하사받고 하사본에 별도의 장서

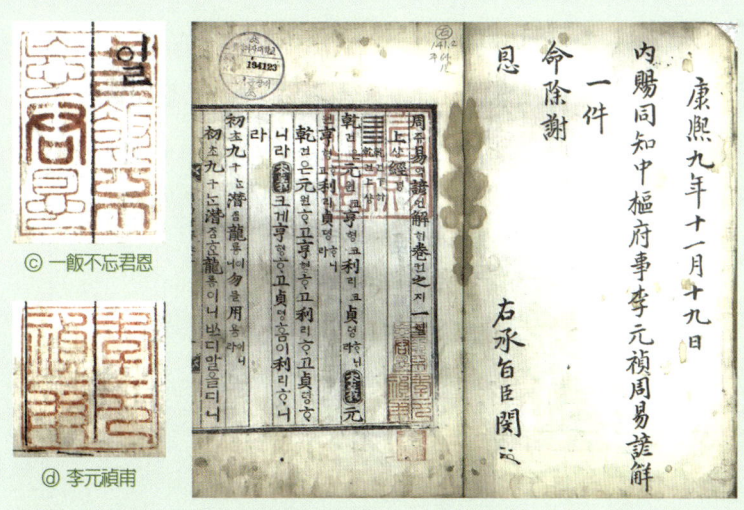

© 一飯不忘君恩

ⓓ 李元禎甫

**그림 3**

1670년 이원정의 내사본 『주역언해』, 대구가톨릭대학교 중앙도서관 소장, 광주이씨 이원정가 가전

인을 찍어 소중히 간직하였다. 그의 내사본에는 책의 권두에 2종의
장서인이 한 세트로 찍혀있다(그림 2). ⓐ 인장에는 '내사内賜'라는
글자를 넣어 해당 서책이 내사본임을 표시하였고, ⓑ 인장에는 '신
하 송준길이 절하며 받는다.'는 의미로 "신준길배수臣浚吉拜受"라는
인문을 새겨 찍었다. 전자의 인장은 임금이 친히 내려주신 귀중본
임을 표현한 것이고, 후자의 것은 임금의 은혜에 대한 감사의 마음
과 하사본을 받는 자신의 태도를 표현한 것으로 볼 수 있다.

장서인을 통해 자신의 마음을 표현했던 또 다른 사례로 귀암歸巖

이원정李元禎(1622~1680)을 들 수 있다. 이원정은 본인의 서책임을 표시하기 위해 자신의 장서 대부분에 본인의 본관, 성명, 자호 등을 넣은 장서인을 제작하여 날인하였는데, 유독 내사본에만 "일반불망군은一飯不忘君恩" 6글자가 새겨진 장방형 인장을 사용하였다(그림 3의 ⓒ). 이 문구는 송나라 문인 나벽羅璧의 「지유識遺」에 "두보의 시는 밥 한 끼 먹을 때에도 임금을 잊지 못했기 때문에 그의 시를 시사詩史라 칭한 것이다杜詩一飯不忘君 所以詩稱史."라는 글에서 유래한 것이다. 이는 한 끼 식사를 할 때에도 책을 하사하신 임금의 은혜를 잊을 수 없다는 이원정의 충정이 표현된 인장이다. 이 인장은 이원정의 장서 중 내사본에만 날인되어 있다. 그런 점에서 임금의 은혜에 대한 감사의 마음을 간곡히 표현하기 위해 장서인을 특별히 사용한 것임을 알 수 있으며, 이런 행위를 통해 내사본을 대하던 당시 문인들의 태도 또한 엿볼 수 있다.

**장서가들은 내사본을 어느 정도 소장하였을까?**

그렇다면 장서가들의 장서 가운데 내사본이 차지하는 비율은 어느 정도였을까? 개인의 관료 생활 경력과 활동기간에 따라 내사본의 비율에 차이를 보일 것은 당연한 일이다. 만일 장서가 스스로 내사본에 관한 기록을 남겼다면 그 비율을 확인할 수 있을 것이다. 그런 점에서 장서가가 직접 작성한 장서목록과 거기에 별도로 기록한 내사본에 대한 표기는 내사본의 비율을 확인할 수 있는 유용한 근거가 된다.

16세기 안동 출신의 문신이자 이황의 문인 임연재臨淵齋 배삼익裵三益(1534~1588)은 자신의 장서목록을 작성해 두었는데, 『책치부冊置簿』라는 자료로 전해지고 있다. 이 장서목록은 흥해배씨 집안에 가전되어 현재 한국국학진흥원에 소장되어 있다. 그의 장서목록에는 배삼익이 소장하였던 서책 362종이 수록되어 있으나, 극히 일부에만 임금의 내사본임을 표기하고 있어 그의 장서목록에서 내사본 규모를 파악하긴 어렵다. 하지만 다행히도 배삼익의 문집인 『임연재문집臨淵齋文集』의 「연보年譜」에 그가 하사받았던 내사본 리스트가 수록되어 있어 그가 소장하였던 내사본이 20종이었음을 알 수 있다.[5] 따라서 장서목록 『책치부』에 수록된 362종이 그가 소장했던 장서 전체의 수량이었다면, 내사본은 그의 장서 가운데 5.5% 정도를 차지한다고 볼 수 있다. 배삼익이 16세기에 풍기 군수, 양양 부사, 사헌부 장령 등 관직 활동을 활발히 하고 장서량도 많았던 점을 고려하면, 전체 장서 가운데 내사본이 차지하였던 비중은 그리 높지 않았다고 할 수 있다.

내사본의 비중을 보다 객관적으로 확인할 수 있는 또 다른 인물은 17세기에 활동했던 동춘당同春堂 송준길宋浚吉(1606~1672)이다. 그는 자신의 장서목록인 『가장서적부家藏書籍簿』를 작성하여 장서를 관리하였다. 그는 장서목록을 크게 5개 항목으로 구분하였다. 첫 번째 항목은 내사본 리스트를 작성한 내사질內賜秩, 두 번째는 내사본 이외 집안에 소장된 서책 리스트인 가인질家印秩, 세 번째는 다른 사람에게 빌려온 서책 리스트인 차래질借來秩, 네 번째는 짝이 맞지 않아 완질이 아닌 서책 리스트인 부질류不秩類, 마지막은 글씨나 그림 등의 서첩 목록인 서첩질書帖秩이다.[6] 송준길의 장서목록를 분석해보면 그는 총 401종의 서책을 소장하였고 그 중 내사본은 28종이다. 전체 장서 가운데 내사본이 차치하는 비율은 7% 정도로, 양적 측면에서 내사본의 비중은 그리 높지 않은 편이다. 그러나 장서를 분류한 5개 항목 가운데 내사본 리스트를 맨 앞에 두었다는 점, 그리고 송준길이 하사받은 내사본에 "신臣 준길浚吉 배수拜受"와 같은 별도의 장서인(그림 2의 ⓑ)을 날인하였다는 점에서 송준길이 임금의 하사본을 소중히 다루고자 했던 의지를 엿볼 수 있다.

이상 16~17세기에 정치적 활동이 활발했던 문인들의 사례에서 보듯 조선시대 문인들의 장서 가운데 임금의 하사본이 차지했던 장서 비율은 높게 잡아도 10%를 넘지 않았던 것으로 추측된다.

## 서사書肆에서 책을 구입하다

고려대학교 만송문고 소장본 가운데 당나라 시인으로 소주 자사 蘇州刺史를 지냈던 위응물韋應物의 문집 『위소주집韋蘇州集』이 있다. 이 책은 16세기 중종~명종 연간에 간행되었을 것으로 추정되며 3 종의 장서인이 날인되어 있다.[7] 제1면의 목차 제목 아래에는 배삼 익의 성명인姓名印 "배씨삼익裵氏三益"과 자인字印 "여우汝友"가 날인 되어 있고, 제1권·4권·7권의 권수제 아래에는 그의 호인號印 "임연재 장臨淵齋章"이 찍혀있다(그림 4). 이는 원래 이 책을 소장하였던 책 주冊主가 16세기 인물인 배삼익임을 알려준다.

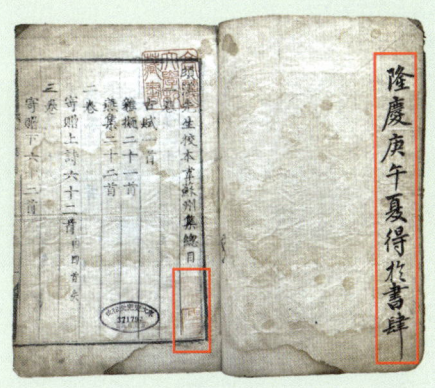

**그림 4**

배삼익이 1570년 서사書肆에서 구입한 『위소주집』, 고려대학교 소장, 흥해배씨 임연재종가 가전

[裵氏三益]
[汝友]

[臨淵齋章]

배삼익은 직접 장서목록을 만들고 자신의 서책에 다양한 장서인을 날인할 정도로 장서 관리에 대단한 애착을 가졌던 인물이다. 또한 여러 관직활동을 통해 임금으로부터 다양한 내사본을 하사받으며 자신의 장서를 구축해 나갔던 이름난 장서가였다. 배삼익의 장서목록에 의하면 그는 『위소주집』 2종을 소장하고 있었다(그림 5). 하나는 금속활자본 3책이고, 다른 하나는 목판본 2책이라고 표기하였는데,[8] 고려대에 소장되어 있는 『위소주집』 갑인자본이 바로 장서목록에 기록된 금속활자본 3책에 해당한다.

배삼익이 소장하였던 『위소주집』에는 그가 이 책을 어떻게 수집하였는지에 대한 기록이 있다. 제1책 앞면지에 "융경 경오(1570년) 여름에 서사書肆에서 득得하였다."라고 필사되어 있다(그림 4).[9] 이

**그림 5**
『위소주집』을 소장하였다고 표기한 배삼익 장서목록,
한국국학진흥원 소장, 홍해배씨 임연재종택 기탁

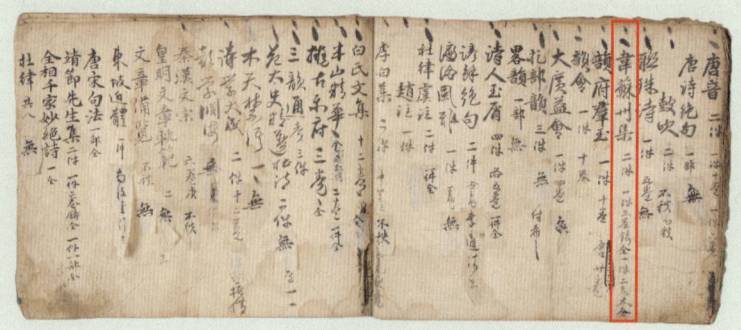

26

글의 '득'하였다는 것이 무슨 의미인지 정확하게 이해해야 그가 어떻게 서책을 수집하였는지 파악할 수 있다. 배삼익의 6대손 배집裵緝(1710~1755)은 집안의 서책들에 대해 "나의 선조께서 융경·만력 연간(1567~1619)에 약간의 책들을 여러 군자에게 얻거나 행상行商에게 매득買得하였다."라고 하여 그 수집 경위를 밝혔다.[10] 따라서 『위소주집』을 서사에서 득하였다는 것은 매득, 즉 돈을 주고 구입했음을 의미한다.

그렇다면 배삼익이 1570년에 『위소주집』을 매득했던 서사는 어떤 곳일까? 서사의 설립은 중종 연간부터 선조 연간까지 계속적으로 논의되었던 문제이다.[11] 서사 설립의 필요성에 관한 논의는 1519년(중종 14) 시강관 한충韓忠이 처음 건의한 후, 1522년(중종 17) 어득강魚得江도 서사 설립에 대해 다음과 같이 건의하였다.

어득강이 아뢰기를, "우리나라는 서적을 인출하는 곳이 교서관校書館 하나뿐이라, 비록 학문에 뜻을 둔 사람이라도 서적을 구입할 수 없기 때문에 뜻을 이루지 못합니다. 중국에는 서사書肆가 있어서 배우고 싶은 사람들이 쉽게 구입하여 배워 익힙니다. **지금 저자市中 안에 서사를 설치한다면 사람들이 모두 구입하여 그 편리함을 힘입게 될 것입니다.**"

하니, 상이 이르기를, "서사에 관한 일을 지난 기묘년에 이
미 절목을 마련했는데 지금 거행하지 못하고 있으니 마땅
히 해조該曹에 묻겠다." 하였다.[12]

위 내용을 살펴보면 어득강이 설치를 주장하였던 서사의 성격은
책을 판매하는 독립된 기구이자 공간을 말한다. 어득강은 당시 책
을 사고팔 수 있는 공식적 경로가 없기 때문에 학문을 하고자 하는
이들이 책을 구입하기 어렵다는 상황을 설명하며 서사 설치를 주장
하였던 것이다. 중종도 이를 긍정적으로 받아들였으나 대신들의 반
대로 결국 설치되지 못했다. 어득강은 1529년(중종 24)에 중종에게
다시 건의하였는데, 이때에는 서사가 아닌 '서점書店'이라는 표현을
사용하였다.

어득강이 아뢰기를, "신이 앞서 장령으로 있을 때 서점書
店을 설치할 것을 아뢰자, 모두들 아뢰어야 할 일도 아닌 것
을 아뢴다고 했었습니다. (중략) 세가世家나 대족大族들 중
에는 조상 때부터 전해오는 서책이 있기도 하고 하사下賜받
은 서책이 있기도 하지만, 도리어 쓸데없는 것이 틀림없이
많이 있을 것입니다. 만약 서점을 세운다면 팔고 싶은 사람

은 팔고, 사고 싶은 사람은 살 것이므로, 유생들이 한 가지 서책을 다 읽고 나서는 그 책을 팔아 다른 책을 사서 읽을 수 있게 됩니다. 그리하여 서로 사고팔고 하면서 유구히 돌려가며 읽을 수 있게 될 것입니다. 옛사람의 말에 '책을 빌려주는 것도 어리석고 책을 돌려주는 것도 어리석다.' 했습니다. 세상 사람들이 조상 때부터 전해오는 서책을 파는 것을 옳지 않게 여겨 팔지 않으려 합니다. 그러나 묶어서 높이 쌓아두기만 하고 한 번도 펼쳐 읽지 않아 좀만 먹는다면 무슨 유익함이 있겠습니까?"[13]

어득강이 말한 서점의 성격은 일반인들이 서책을 팔 수도 있고, 서책을 살 수도 있는 쌍방 매매가 가능한 기구이자 공간이었다. 하지만 중종은 이전에 없던 제도이기에 실행할 수 있을지 모르겠다며 서사 설치에 소극적인 태도를 보였다. 이후 1538년(중종 33)에 중종이 직접 서사 설치를 강하게 제기하였고, 1542년(중종 37)에는 어득강이 다시 서사 설치를 주장하며 서사에 구비되는 서책을 마련할 구체적인 방법까지 제시하였다.[14] 그러나 중종 대에는 끝내 서사가 설치되지 못하였고, 명종 대가 되어서야 긍정적인 변화가 있었다.

[5월 26일] 사헌부가 아뢰기를, "우리나라에는 온갖 물건을 다 매매하는 점포가 있는데, 유독 서적書籍만 점포가 없습니다. 그런 까닭에 비록 서적이 있어도 팔 수가 없습니다. 이 때문에 서적이 극히 귀해지고 문풍文風도 더욱 쇠퇴해 갑니다. 해조該曹로 하여금 특별히 그 점포를 세우게 하여 서적을 팔고 사기에 편하게 하소서." 하니, 답하기를, "서점書店에 대한 일은 새로 세워야 할 듯하니 대신들에게 의논하라." 하였다.

　　[5월 27일] 사헌부가 아뢰기를, "서사書肆의 법은 신들이 처음으로 창설하여 만드는 것이 아닙니다. 중종 조에서 이미 그 법을 세웠었는데 이를 폐지하고 시행하지 않았으므로 거듭 밝히고자 할 뿐입니다. (중략) 서사법書肆法을 거듭 밝히는 일에 대하여 어렵게 여기지 마소서." 하니, 아뢴 대로 하라고 답하였다.[15]

　　위의 내용에 따르면 1551년(명종 6) 사헌부에서 명종에게 서사 설치를 건의하였고, 드디어 명종은 서사 설치를 허락하였다. 이를 마지막으로 서사 설치에 대한 논의가 더 이상 나타나지 않는 것으로 보아 1551년에 서사가 설치되었을 것으로 짐작된다. 다만 16세기 당시의 서사 설치 여부에 관해서는 학계의 견해가 엇갈려왔다.[16]

1576년(선조 9)에 간행된 『고사촬요攷事撮要』 간본에는 책의 가격 목록인 「서책시준書冊市准」이 수록되어 있고, 권말 간기에 "1576년 7월, 수표교 아래 북쪽 두 번째 마을 동구의 하한수河漢水 집에서 판각하였으니 책을 살 사람은 찾아오라."라는 표기가 있다. 이것이 서사를 의미하는지는 명확하지 않다. 그러나 배삼익이 소장했던 『위소주집』에는 1570년(선조 3) 여름에 서사書肆에서 구매하였다는 기록이 선명하게 남아있다. 따라서 이 실물 기록을 통해 16세기 후반에 서사가 이미 설치되어 운영되었던 것으로 짐작된다.

## 지방관아에서 책을 선물 받다

조선 초기 조정에서는 명현의 글을 보존하기 위해 중앙의 교서관에서 활자 인쇄를 위주로 서책 간행이 이루어졌다. 그러나 금속활자로는 적은 부수밖에 인쇄할 수 없었기 때문에 다량으로 인쇄하고 널리 배포하는 데는 한계가 있었다. 이를 극복하기 위한 방법은 책판 제작을 통한 목판본 인쇄였다. 목판 인쇄는 필요할 때마다 원하는 분량을 인쇄할 수 있다는 장점이 있다. 그러나 목판 제작에 필요한 물적 자원과 노동력, 목판의 보존 공간을 마련하는 일을 중앙에서 소화하기에는 한계가 있었다. 이로 인해 16~17세기에는 주부군현州府郡縣 등 지방관아에서의 목판본 출판이 확대되어 갔다.

지방의 각 지역마다 목판본 간행을 위해 책판을 제작하게 되자 타 지역과 중복되는 간행을 피하고 책판을 효율적으로 관리하기 위한 필요성이 대두되었다. 이에 따라 지역별로 소장하고 있는 책판의 목록을 작성하게 하였고, 지방관아의 수령이 새로 교체될 때에는 책판을 인수인계하는 대책을 마련하였다. 그리고 각도의 관찰사는 관할 고을에서 간행된 책판의 장부를 만들어 현황을 파악하고 이를 중앙에 보고하였다. 또한 지방관아에 소장되어 있는 책판 목록을 공개하여 타 지역에서도 알 수 있도록 제도를 마련하였다.

책판 목록에는 지방관아별 책판의 종류뿐만 아니라 해당 서책을 인쇄하는 데 드는 종이와 먹의 양이 표기되어 있었다. 때문에 당시 지식인들은 책판 목록을 통해 어느 관아에서 어떤 책판을 갖고 있는지 알 수 있었다. 그리고 자신이 원하는 서책의 책판이 있는 지방 관아로 종이와 먹을 보내면 해당 관아에서 인쇄본을 보내주는 구조를 갖추고 있었다. 실제 16세기 이문건의 『묵재일기』를 살펴보면 "송지인책送紙印冊", 즉 종이를 보내면 지방관아에서 목판본을 인쇄해 주었다는 기록을 다수 확인할 수 있는데, 몇 가지 사례를 소개하면 다음과 같다.

> [1551년 7월 9일] 교수 길겸吉謙이 전주로 가다가 들렀기에, 책지冊紙 50권을 주면서 『주역周易』을 인출해 달라고 했다.
> [1551년 8월 2일] 의성義城 현령 이대승李大升이 『해동명적 海東名蹟』 1건을 인출해 보내왔다. 전에 내가 종이와 먹을 보내서 요청한 것이었다.
> [1551년 10월 26일] 길겸吉謙이 전주에서 인출한 『역전易 傳』 25권을 간행해서 보냈기에 감사의 답장을 썼다.
> [1553년 11월 10일] 쌓아놓은 종이를 살펴보니 모두 74 첩이었다. 이를 포장해서 만수萬守에게 주며 남원南原 판관

에게 드려 『한문韓文』과 『이락연원伊洛淵源』 등의 책을 인출

하게 했다.[17]

　　일기에 따르면 이문건은 야은 길재의 6세손 길겸吉謙이 전주에 간

다고 하자 종이 50권을 보내며 전주부 관아 소장 『주역』 목판본의

인쇄를 요청해 세 달 뒤에 『주역』 인쇄본 25권을 받았다. 또한 의성

현 관아에 종이와 먹을 보내 우리나라 역대 명필의 필적이 담긴 『해

동명적』의 인출을 요청해 의성 현령으로부터 인출본을 받았다. 그

리고 2년 뒤에는 이문건이 인편을 통해 남원 판관에게 종이 74첩을

보내면서 『한문韓文』과 『이락연원伊洛淵源』을 인쇄해줄 것을 요청하

기도 하였다. 이처럼 자신이 원하는 서책의 책판이 소장되어 있는

지방관아에 종이와 먹을 보내 인쇄본을 받는 방식은 16~17세기 인

물들의 일기에서 쉽게 찾아볼 수 있다.

　　미암 유희춘의 일기에도 유사한 일들이 일상적으로 기록되어 있

다. 유희춘은 전라도 관찰사 재임 시절에 전라도 책판을 기록한 장

부[道內冊板之簿]를 열람한 후 읽기 원하는 서책들을 별도로 뽑아놓았

다. 또한 당시의 책판 목록이 수록되어 있는 『고사촬요攷事撮要』를

통해 필요한 책판이 소장되어 있는 관아에 해당 서책을 인출해 줄

것을 수시로 요청하였다.[18]

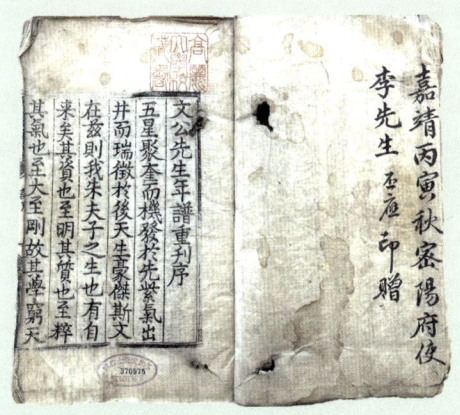
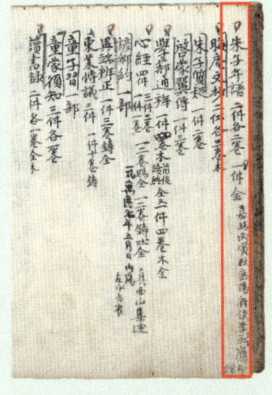

『주자연보』 앞면지 기록,
고려대학교 소장

장서목록에 표기된 『주자연보』,
한국학진흥원 소장

**그림 6**

1566년 밀양 부사 이경우가 배삼익에게 보내준 『주자연보』

문인들은 책을 선물 받게 되면 선물 받은 시기와 누구로부터 받았는지를 책의 앞부분 또는 마지막 지면에 표기하였고, 경우에 따라서는 자신의 장서목록에 표기된 서명 아래에 입수의 출처를 표기하기도 하였다. 고려대 소장본의 배삼익 장서에는 서책을 증정한 이가 표기되어 있다. 특히 밀양 부사 이경우李慶祐(1518~1574)가 배삼익에게 보내준 서책 가운데 밀양부에서 간행했던 『주자연보朱子年譜』와 『위소주집韋蘇州集』에서 이를 확인할 수 있다.

이경우는 본관이 전의全義, 자는 비응조應이고, 1565년 봄부터

1568년 여름까지 밀양 부사로 재임하였으며, 1567년 밀양 예림서원禮林書院을 창건하였던 인물이다.[19] 고려대 도서관에 소장되어 있는 『주자연보』 제1책 앞면지에는 "가정 병인(1566년) 가을에 밀양 부사 이선생 비응[李慶祐]께서 인쇄해 주었다."라는 필사 기록이 있다(그림 6 좌).[20] 또한 배삼익 집안에 전해 내려오는 장서목록인 『외암비장畏巖秘藏』에도 동일한 내용이 기록되어 있다. 이에 따르면 주자연보朱子年譜라는 서책명 밑에 "두 건 있으며 각각 2권"이라는 기록과 함께 "전질인 한 건은 가정 병인 가을에 밀양 부사 이선생 비응이 인쇄해 주셨다."라는 필사 기록이 있다(그림 6 우).[21] 고려대본 앞면지에 표기된 내용과 동일한 내용이다. 또 다른 사례로 배삼익의 장서인이 찍혀있는 『위소주집』 목판본 앞면지에도 "융경 무진(1568년) 봄에 밀양 부사[凝川使君] 이경우[李丞應]가 인쇄해 주었다."[22]라는 필사 기록이 있다. 지방관아를 책임지던 행정 수반이 주변 지인들의 부탁을 받거나 일종의 선물 증여를 위해 관아 소장 목판으로 인출한 인쇄본을 보내주는 방식으로 호혜를 베풀었던 것이다.

17세기 성주에 거주하였던 이원정의 장서에서도 지방관으로부터 받은 서책들이 다수 확인된다. 그는 1654년에 성주 목사였던 권집權諿으로부터 책 한 권을 선물 받았다. 선물로 받은 책은 『습재집習齋集』으로, 저자는 책을 선물한 권집의 증조부 권벽權擘이었다. 이원정

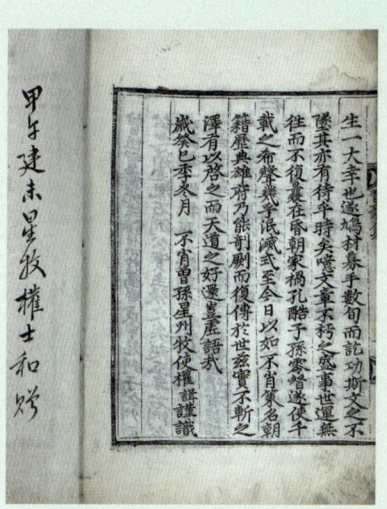

**그림 7**

1654년 성주목사가 이원정에게 선물한 『습재집』, 대구가톨릭대학교 소장

은 선물 받은 책의 가장 마지막 지면에 "갑오(1654년) 건미建未(6월)에 성주목사 권사화權士和가 주었다."라고 필사해 두었다(그림 7).[23] 사화士和는 권집의 자이다.

권집은 1652년에 성주 목사로 부임하였고, 이듬해인 1653년에 자신의 발문을 추가하여 증조부 권벽의 문집을 성주 관아에서 간행하였다.[24] 이처럼 지방관아에서 서책을 출판할 때, 특히 문집을 간행할 때에는 해당 고을을 맡은 지방관의 주도로 간행할 문집의 대상이 결정되었다. 성주 목사인 권집의 결정으로 1653년에 그의 증조부 권벽의 문집이 간행될 수 있었고, 이듬해에 정치적 거목이자 성주 지역의 주요 인사였던 이원정에게 해당 책을 선물한 것이다.

이처럼 16~17세기에는 중앙에서의 대량 인쇄가 어려워지자 지방관아에서 목판을 제작해 서책을 간행하는 일이 증가하였다. 이를 통해 지방의 관판본이 지식 유통의 중심 역할을 하게 되었다. 특히 책판 목록을 통해 자신이 원하는 서책의 책판 위치를 찾아내고, 해당 지방관아에 종이와 먹을 보내 인출한 서책을 받을 수 있는 시스템을 갖출 정도로 출판 문화의 선진화를 이루었다. 지방관은 자신의 지인들에게 관아 소장 책판의 인쇄본을 선물하는 사례가 많았다. 조선시대 지식인들은 일기와 장서목록, 그리고 지방관아로부터 선물로 받은 서책에 해당 기록을 남겼다. 그 기록들은 당시 서책의 보급과 유통에 선물 증여의 문화가 결합된 독특한 방식을 보여준다는 점에서 이채롭다.

## 백일장 일등상으로 책을 받다

조선시대에는 과거시험을 준비해온 유생들이 자기 소유의 서책을 확보할 수 있는 방법이 있었다. 그중 하나는 지방에서 실시했던 과거시험에서 우수한 성적으로 합격하여 책을 상으로 받는 것이었다. 1744년에 경상도 관찰사가 주관하였던 백일장白日場에서 일등상으로 받은 『주자서절요朱子書節要』 실물이 남아있다. 이 『주자서절요』는 전체 10책으로 구성되어 있는데, 제1책의 가장 앞부분 여백에 이 서책의 입수 경로와 전래에 관한 내용이 짤막하게 필사되어 있다(그림 8 좌).

필사된 글씨는 획의 두께와 먹색에 미세한 차이가 있어 서로 다른 시점에 작성된 것으로 보인다. 첫 번째 작성된 내용은 "갑자

**그림 8**

1744년 이동양이 일등상으로 받은 『주자서절요』, 대구가톨릭대학교 소장

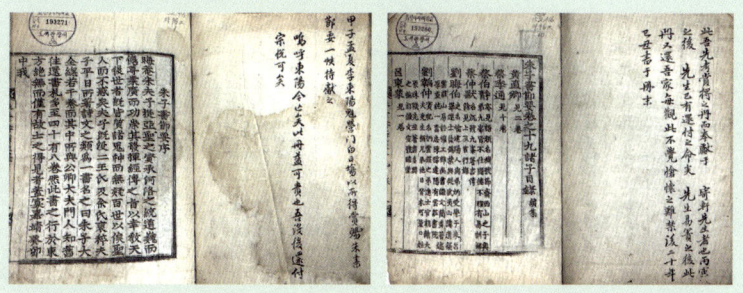

(1744년) 초여름에 이동양李東陽이 영문營門 백일장에서 일등을 하여 일등상으로 받은 『주자서절요』 한 질을 가져와 나에게 주었다." 라고 기록하였다.[25] 이동양(1723~1746)이 백일장에서 일등하였던 1744년은 그의 나이 22세의 젊은 유생이었고, 그가 일등상으로 받은 『주자서절요』를 선물 받고 이 기록을 작성하였던 인물은 이동양의 스승 강해姜楷(1680~1750)였다.[26]

두 번째 필사된 내용은 "아, 이동양은 지금 죽고 없으니 이 책이 더욱 귀하다. 내가 죽은 뒤에는 종열宗悅에게 돌려보내는 것이 옳다"고 적었다.[27] 종열은 이동양의 아들 이태운李泰運(1744~1789)을 가리킨다. 이동양은 스승 강해보다 먼저 세상을 떠났다. 스승에게 백일장 상으로 받은 책을 바친 2년 뒤인 24세의 젊은 나이였다. 강해는 제자 이동양이 사망한 뒤 그로부터 받은 서책의 소중함을 느껴 이동양의 아들인 이태운에게 돌려주어야 한다는 내용을 기록하였다. 실제 이 책은 스승 강해가 사망한 뒤 이동양의 아들 이태운에게 되돌아왔다. 이태운은 『주자서절요』 마지막 책인 권두 여백(그림 8 우)에 "이것은 나의 선고께서 일등상으로 얻은 책으로, 강해[喬軒] 선생에게 바쳤던 것이다. 병인(1746년) 이후에 선생께서 이미 돌려보내라는 명이 있었고, 선생께서 돌아가신 뒤 이 책이 다시 우리 집에 돌아왔다. 이 책을 볼 때마다 나도 모르게 서글픈 마음을 금할 수 없다. 돌아가신 지 20년 뒤인 기축(1769년)에 책 끝에 쓴다."라고 기록하였다.[28] 돌아가신 부친의 유물을 간직했던 스승이 작고한 뒤 서책을 전달받고 느낀 감회를 기록으로 남긴 것이다.

이동양이 참여하였다는 백일장은 말 그대로 '백일白日', 즉 대낮에 하루만 시험을 본다는 뜻으로, 조선 태종이 명륜당에서 유생들에게 시무책時務策을 진술하게 한 것에서 시작되었다.[29] 유생들이 향시鄕試·회시會試·전시殿試 등의 과거시험을 응시하였던 궁극적인 목적이 벼슬에 나아가기 위한 것이었던 반면, 조선 후기 지방에서 실시되었던 백일장은 유생들의 학업을 장려하고 향상시키기 위한 모의고사로서의 성격을 가졌다. 따라서 해당 지역의 유생들은 백일장에 대해 관심이 높았고, 지방의 관찰사나 수령들도 백일장 시행을 중요한 업무로 인식하였다.

상주 출신의 학자이자 문신인 권상일權相一(1679~1759)은 자신이 응시하거나 소식으로 전해 들었던 백일장 개최에 관해 자신의 『청대일기淸臺日記』에 기록을 남겼다. 그가 기록한 백일장은 1702년부터 1709년까지 약 8년 동안 17회 실시되었다.[30] 그 가운데 경상도 관찰사 주관의 백일장은 총 10회 개최되었다. 즉 1년에 1회 이상은 백일장이 있었던 것이다. 반면 주관자 입장에서 기록한 백일장 관련 기록에는 더 많은 횟수가 개최된 것으로 나온다. 18세기의 문신이었던 조재호趙載浩(1702~1762)는 1751년 경상감사에 부임하여 자신의 업무 일지를 기록한 『영영일기嶺營日記』에서 관련 내용을 확인할 수 있다. 조재호가 『영영일기』를 작성했던 1751년 6월부터 약 14개월 동안 경상감영에서 주도한 백일장은 모두 5회였고,[31] 그중 4회는 그가 부임한 직후 5개월 사이에 집중되어 있다. 이는 조선 후기 관찰사 주관의 백일장 개최가 일정한 시기를 정해놓은 것이 아니고, 1년에 5회 진행될 정도로 자주 개최되었음을 알려준다.

그렇다면 이동양이 관찰사 주관의 영문營門 백일장白日場에서 일등을 하였다는 것은 어떤 의미가 있을까? 당시의 응시자 수에 따라 일등의 의미가 달라질 수 있는데, 이를 권상일의 『청대일기』에서 확인할 수 있다. 일기에 따르면 경상도 관찰사 주관 백일장이 순흥順興에서 개최되어 순흥 인근의 4-5개 고을 유생들을 대상으로 진행되었는데, 당시 모인 유생들이 700-800명이라고 기록하였다.[32] 백일장이 개최된 순흥 인근 지역의 유생들만 참여했음에도 수백 명이 모였다는 것은 당시 유생들의 백일장에 대한 참여도와 관심이 얼마나 대단했는지 알려준다.

당시의 백일장에서 22세의 나이에 일등을 하였던 이동양은 그 부상으로 『주자서절요』 10권을 받았는데, 경상감사 조재호의 『영영일기』에서도 백일장 합격자에게 특별한 대우를 한 장면이 포착된다.

백일장이 다 끝난 저녁에 합격한 유생들은 낙육재樂育齋에 모여 감사가 베푼 잔치에 참여했다. 풍악이 울리고 기생들의 춤과 노래 속에 술잔이 세 순배 돌아간 뒤 차등을 두어 상을 받았다.[33] 당시 성적에 따라 받은 상이 1744년에 이동양이 일등상으로 받았던 『주자서절요』였던 것이다.

이태운이 태어나던 해에 부친 이동양이 백일장에서 받았던 유품 『주자서절요』가 25년 만에 아들 이태운의 품으로 돌아왔다. 그 책은 수백 명의 유생들이 모인 백일장에서 당당히 일등을 해 수상한 책이었고, 부친을 가르쳤던 스승이 소중하게 간직했던 책이었다. 가르침에 기꺼이 헌사한 부친의 스승에 대한 흠모와 이십여 년을 어루만졌을 스승의 애정이 묻어있던 책이 아들 이태운에게 주는 감회와 그 가치는 분명 남다른 것이었을 것이다.

## 집안의 전답을 팔아 책을 사다

자신이 원하는 책을 사기 위해 집안의 전답을 팔아야 했던 이도 있었다. 바로 18세기 실학자이자 역사학자였던 안정복安鼎福 (1712~1791)이다. 그는 경상감영에서 간행한 『역대통감찬요歷代通鑑纂要』 50책을 구입하였고, 제50책의 마지막 페이지 여백에 이 책을 소장하게 된 경위를 다음과 같이 기록해 두었다(그림 9 우).

영조 26년(1750)에 남태량南泰良이 경상도 관찰사로 있으면서 임금의 명을 받들어 경상감영에서 이 책을 간행했다. 비장裨將 남연명南衍明이 간행하는 일을 감독했는데, 인쇄한 책을 갖고 와 그의 아들 남태국南泰國에게 주었다. 우리 집에는 본래 사서史書가 없기 때문에 15냥을 주고 남태국에게 그 책을 사려고 하였다. 이는 책값의 많고 적음을 따지지 않고 다만 주인(남태국)이 부르는 값을 따른 것이었다. 그런데 돈을 마련할 길이 없었다. 옛사람의 말에 이르기를, "황금이 가득한 상자를 자식에게 물려주기보다는 경서 한 권을 제대로 가르치는 것이 훨씬 낫다."라고 했다. 묘전墓田을 헐값에 팔아넘기는 일은 진실로 차마 하지 못하는 점이 있으나, 자손들에게 내가 이 책을 사두려는 뜻을 본받아 부지런히 공부하게만 할 수 있다면, 이 묘전에도 경중輕重이 있는 법이다. 이 때문에 두 곳을 원래 값을 받고 팔아 책값으로 주고 책을 샀다. 나중에 태어날 자손 중에 이 책을 읽는 자들이 전말을 알지 못할까 봐 이를 기록하여 나의 뜻을 보인다. 신묘(1771년) 6월 24일 한산 병부漢山病夫安鼎福가 쓰다. 서면書面의 제목은 시암尸庵 영가永嘉 권암權巖(자字 맹용孟容)의 글씨이다.[34]

**그림 9**

안정복이 소장하였던 『역대통감찬요』, 남평문씨 인수문고 소장, 경상감영 간행본

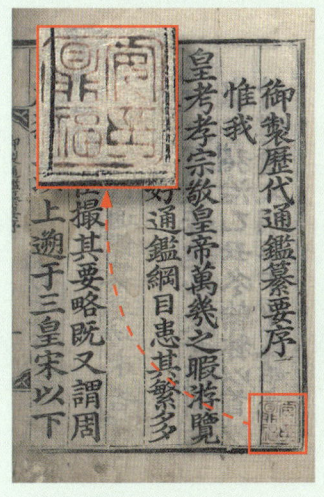

안정복 장서인 날인

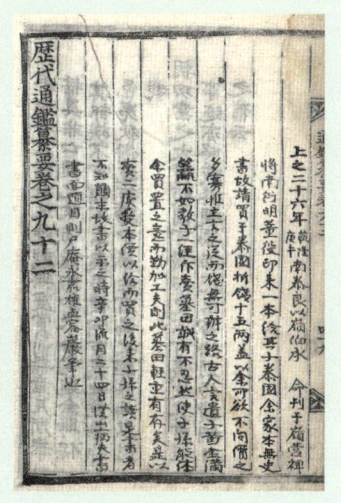

안정복 장서기(제50책 마지막 면)

안정복이 구입한 『역대통감찬요』는 명나라 효종孝宗의 칙명에 따라 이동양李東陽·초방焦芳·왕오王鏊 등이 편찬한 것으로 상고부터 원말까지의 사실史實을 요약한 강목綱目 형식의 역사서이다. 효종이 죽은 이후 1507년에 92권으로 완성되었다. 명나라 간행본은 10년 뒤 조선으로 전해져 1518년(중종 13)에 금속활자본(초주갑인자본)으로 간행되었고, 18세기에는 경상감영에서 목판본 92권으로 간행되었다.

안정복이 마지막 페이지 여백에 기록한 글에는 18세기 경상감영에서 간행한 『역대통감찬요』 목판본의 간행 연도를 알려주는 내용이 있다. 『역대통감찬요』는 경상도 관찰사 남태량南泰良(1695~1752)이 1750년(영조 26)에 왕명에 따라 경상감영에서 간행하였다는 첫대목이다. 다만 『승정원일기』 1748년(영조 24) 윤 7월 7일 기사에 『역대통감찬요』를 경상감영에서 개간하여 인쇄한 뒤 시강원으로 보내왔다는 내용이 보여 안정복이 간행 시기를 착각했던 것으로 보인다. 경상감영에서 이 책을 간행할 당시 간행 업무를 맡았던 담당자는 비장裨將 남연명南衍明이었다. 그는 『역대통감찬요』 인쇄본 한 부를 챙겨두었다가 아들 남태국南泰國에게 넘겨주었고, 안정복은 남태국이 부르는 값 15냥을 주고 이 50책을 구입했던 것이다.

## 『역대통감찬요』의 책값은 어느 정도였으며,
## 안정복은 어떻게 책값을 마련하였나?

서책 주인 남태국이 책값으로 요구한 15냥은 어느 정도의 가치였을까? 안정복이 서책을 구입한 시기와 별반 차이 나지 않는 시기에 거질의 책을 구입한 이재頤齋 황윤석黃胤錫(1729~1791)의 기록이 있다. 황윤석은 1787년 전의현감全義縣監을 지내던 시기에 전의현에서 『주자대전』 76책을 16냥에 구입하였다.[35] 안정복과 황윤석이 책을 구매했던 시기와 지역이 다르고 책의 성격과 책수에도 차이가 있지만, 대략적인 서책 시장 가격은 유사하였던 것으로 보인다. 안정복이 거주했던 광주부(현 경기도 광주시)의 당시 물가를 정확하게 알 수 없지만, 『승정원일기』에 의하면 1759년에 쌀 1섬에 5냥으로 치러주는 것이 팔도를 통틀어 똑같이 시행한 정규定規였다.[36] 당시 쌀(벼) 1섬 가격이 5냥이라면, 남태국이 요구하였던 15냥은 쌀 3섬 정도의 가치를 의미한다. 당시 쌀 1섬의 양이 쌀 2가마니 정도 되었으므로, 안정복이 구입한 『역대통감찬요』 50책의 매매가 15냥은 쌀 6가마니를 살 수 있는 거금이었다.

남태국이 15냥이라는 거액을 요구하였음에도 불구하고 안정복은 집에 역사서가 없다는 이유로 『역대통감찬요』를 구입하고자 하였다. 그러나 안정복은 이를 지불할 거액이 없었다. 결국 집안의 묘전墓田 2곳을 헐값에 팔아 돈을 마련하였고, 묘전을 판 돈으로 책을 구입하였다. 안정복이 헐값으로 팔았다는 묘전은 어떤 성격의 땅이었을까? 묘전은 묘위전墓位田의 준말로 묘에 부속되어 있는 땅이다. 보통은 묘전에 농작물을 경작하여 거기에서 나오는 수익으로 묘의 관리 비용을 마련하였다. 안정복은 집안 묘 관리 비용의 바탕이 되었던 묘전까지 팔아가며 서책을 구입하였던 것이다.

**안정복은 왜 무리하면서까지 『역대통감찬요』를 구입하려 했을까?**

안정복은 '우리 집에 본래 역사서가 없기 때문에'라는 사유를 들어 책값을 따지지 않고 남태국이 요구하는 금액으로 『역대통감찬요』를 구입하였다. 소장하고 있던 역사서가 없어서 구입하려 했다는 안정복의 말은 도리어 갖고 싶은 역사서가 매우 구체적이었음을 반증한다. 그는 역사에 대한 관심이 남달랐다. 스스로를 '사벽史癖', 즉 역사에 대한 집착이 강하다고 자평할 만큼 역사서에 대한 애착이 대단한 인물이었다.[37] 그는 역사적 사실과 고증에 지대한 관심을 가지고 있었다. 역사서에 대한 그의 강한 애착은 『동사강목東史綱目』, 『열조통기列朝通紀』, 『치통도治統圖』, 『사감史鑑』 등의 역사서 편찬과 저술을 할 수 있는 토대가 되었다. 그가 저술한 역사서와 저술 시기 등을 정리하면 다음과 같다.[38]

1737년(26세) 『치통도治統圖』 정리(상고시대부터 명청시
대에 이르기까지 중국 역대 제왕의 계통을
도표로 만든 것)

1756년(45세) 『동사강목東史綱目』 편찬 시작(우리나라 역
사를 고려 말까지 다룬 편저)

1759년(48세) 『동사강목』 초고본 완성

1763년(52세) 『사감史鑑』 8권 완성(상고시대부터 『자치통
감강목』 이전까지의 내용을 산삭한 편저)

1767년(56세) 『열조통기列朝通紀』 편찬 시작(조선 건국 초
부터 영조 52년까지의 내용을 연대순으로
기술한 편년체 저술)

1781년(70세) 『동사강목』을 납입하라는 임금의 명을 받음

1783년(72세) 『동사강목』 교정 및 완성


**안정복은 어떤 역사서를 소장하였나?**

안정복이 어떤 서책을 소장하였는지 알려주는 자료로 그의 장서
목록 2종이 현전하고 있다. 첫 번째는 1776년 65세 나이로 목천 현

감에 부임할 때 가져갔던 서책의 목록이고, 두 번째는 1785년 74세에 작성하였던 책력일기冊曆日記 이면에 작성한 장서목록이다.[39] 전자의 장서목록은 「목천현지래책목록木川縣持來冊目錄」이라는 제목이 있고, 1776년 목천현에 가져간 서책 105종을 수록하였다. 후자의 장서목록은 1785년에 자신이 소장했던 서책 전체에 대한 목록을 수록한 것이다. 안정복이 소장한 서책의 전체 규모를 파악할 수 있는 것은 1785년에 작성한 후자의 장서목록이다. 이는 크게 2개의 항목으로 구분하여 작성하였는데, 이전부터 집안에 내려오던 서책을 수록한 '가장서책구질家藏書冊舊帙' 항목과 안정복 자신이 직접 구비한 서책을 수록한 '자비서책질自備書冊帙' 항목으로 구분하여 총 246종의

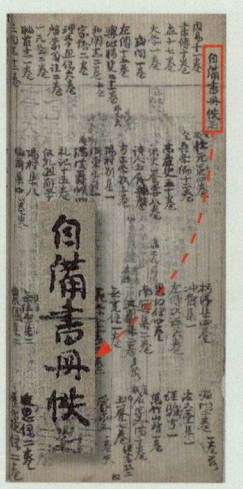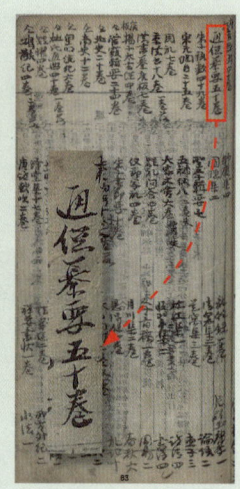

**그림 10**

안정복의 장서목록에 수록된
『역대통감찬요』50책,
국립중앙도서관 소장

서책을 수록하였다. 안정복이 직접 구비한 서책은 164종으로, 이전부터 집안에 내려오던 서책 82종보다 두 배 더 많았다. 자신이 직접 마련한 '자비서책질'에 수록된 서책 목록 가운데 '통감찬요通鑑纂要 오십권五十卷'(그림 10)이 표기되어 있다. 이 책은 안정복이 1771년에 묘전을 팔아 남태국으로부터 구입한 책으로, 『역대통감찬요』의 끄트머리에 기록한 장서기 내용과도 일치한다.

안정복이 1771년에 『역대통감찬요』의 소장 경위를 기록한 장서기에 자신의 집에 원래 역사서가 없었기 때문에 이 책을 구입한 것이라 하였는데, 실제로 안정복의 장서목록을 살펴보면 집안에 전해져오던 역사서로 『사한일통史漢一統』 6권, 『명기편년明紀編年』 3권, 『송원통감宋元通鑑』 16권, 『통감전편通鑑前編』 10권 등을 소장하고 있었다. 대부분 안정복의 조부 안서우安瑞羽(1664~1735)가 창락찰방昌樂察訪 시절에 구비한 서책으로 중국본 서책도 포함된 것으로 짐작된다. 이 역사서들은 광주안씨 집안에 계승되어 안정복의 소장이 되었다. 따라서 집안에 역사서가 없었다는 안정복의 기록은 책을 갖고 싶은 욕구를 에둘러댄 말이었다.

그가 구입한 『역대통감찬요』는 중국 고대의 삼황三皇에서 원말元末까지 기술한 통사通史로, 역사 논평과 역사 사실에 대한 고증이 첨가되어 있어 미암 유희춘도 매우 믿을만한 역사서로 선조에게 추천

했던 책이었다.[40] 이 책은 송대 이후를 다룬 『속자치통감강목續資治通鑑綱目』과 연결되는 통사로, 역대의 치란治亂과 인물의 현부賢否를 논할 때 주로 활용되었던 필독서였다. 안정복이 거금을 치르면서까지 이 역사서를 소유하고자 했던 열망은 바로 이러한 점에 기인했을 것으로 짐작된다.

그의 장서목록 가운데 자신이 직접 구비한 서책목록自備書冊秩에는 『고려사高麗史』 50권, 『동국사략東國史略』 2권 등 단군조선에서 고려까지 다룬 역사서는 물론, 『삼국지三國志』 12권, 『역대첩록歷代捷錄』 2권, 『통감찬요』 50권, 『송원강목宋元綱目』 25권, 『한서찬漢書纂』 7권, 『북사北史』 20권, 『남사南史』 12권, 『황명통기皇明通紀』 6권, 『사략史略』 7권 등 중국 역사를 다룬 다양한 역사서를 직접 구입하여 장서를 구축한 것으로 확인된다. 안정복이 스스로 사벽史癖이 있다고 할 만큼 역사에 대한 집중적인 탐구욕과 강한 애착을 보여주는 것이라 하겠다.

조선시대 장서가들의 서책 수집 방식은 단순한 개인적 취미를 넘어 그들의 사회적 지위와 학문적 열망을 드러내는 중요한 요소로 작용하였다. 장서가들은 국왕의 하사본을 비롯하여 서사에서의 구입, 지방관아로부터의 선물, 백일장에서의 수상 등 다양한 경로를 통해 서책을 구입하였다. 그들이 구축한 장서는 집안의 후손과 주변 지인들에게 지식을 전파하는 데 크게 기여하였다. 귀중한 자산을 희생하면서까지 서책을 확보하려 했던 노력은 그들의 학문에 대한 진지한 태도를 보여준다. 이러한 점에서 장서가들의 책을 향한 열망과 그들이 보여준 수집 행위는 조선시대 장서 문화와 서적 유통, 지식인들의 삶을 들여다보는 중요한 지표가 된다.

**2**

장서가는 어떻게
책을 관리했을까?

## 장책粧冊 전문가를 불러 책을 꾸미다

근현대 이후에는 표지 디자인부터 제본까지 갖춰진 책들이 유통되어 왔으나, 조선시대에는 장서가가 직접 장책粧冊한 사례가 많았다. '장粧'자는 '꾸민다'는 뜻으로 '장책'은 '책을 꾸민다'는 의미이다. 전통시대 서책은 제본되지 않은 형태로 만들어지기도 하고 가제본 형태로 제작되기도 하였다. 따라서 책을 소장하게 된 장서가가 직접 장책하거나 보수해야 하는 경우가 많았다.

### 장서가의 서책 꾸미기 행위

조선 후기의 실학자 서유구徐有榘(1764~1845)는 책을 구하는 방법을 서술하며 "비록 대번에 마음을 가라앉혀 책을 깊이 연구하거나 각고의 노력으로 책을 편집하지는 못하더라도, 우선 이 책을 매일 궤석几席 사이에 두고 보배로운 기물을 살펴보듯 책을 매만지고 교정하며 아침저녁으로 그 좋아하는 것을 마음껏 즐긴다."라고 하였다.[41] 즉, 서책을 소유한 학자라면 책을 읽고 탐구하는 행위도 중요하지만, 자신이 가지고 있는 서책을 손수 꾸미고 만지는 촉각을 통해 얻어지는 느낌 또한 특별한 즐거움임을 강조하였던 것이다. 18세기 또 다른 실학자이자 역사학자인 안정복安鼎福(1712~1791)은 책을 사랑했던 애서가愛書家로서 다음과 같은 시를 남겼다.


惟我漢山業 相承八百年

우리 한산 가업을 팔백 년을 이어왔지만


家世本淸貧 曾不有簡編

집안이 원래 청빈하여 책 하나 쌓아둔 게 없다가


辛勤數十載 求之心頗專

몇십 년 갖은 애를 써서 전심전력 구해 들인 끝에


經史與子集 衰粹亦略全

경사經史와 자집子集까지 대강 갖출 건 갖추어 두고


一一堅紙裝 辛若手自穿

하나하나 견고한 종이의 표지로 애써가며 손수 다 꿰맸지[42]


안정복은 시어의 표현과 같이 '전심전력'으로 서책을 수집하였다. 이런 노력은 그가 남긴 장서목록의 기록을 통해 확인된다. 집안에 전해졌던 책보다 2배 이상의 서책을 자신이 직접 수집하였으며, 앞서 소개한 것과 같이 집안의 묘전을 팔아 『역대통감찬요』 50책을 구입할 만큼 적극적으로 책을 수집했던 18세기의 대표적인 장서가였다. 대단한 분량의 편저서를 저술한 학자였음에도, 자신의 서책들 하나하나에 직접 표지를 입히고 장책하였던 모습이 위 시에 고스란히 남아있다.

이처럼 자신의 서책을 직접 꾸미는 장책 작업은 조선시대 장서가의 일상적인 모습이었다. 16세기 관료이자 학자였던 이문건李文楗(1494~1567)은 매일의 일상을 자신의 일기에 남겼는데, 서책을 장책하는 모습이 자주 묘사되어 있다.

[1551년 9월 5일] 김세소金世紹를 위해 『천자문』 한 부를 베껴서 손수 배접했다.

[1553년 3월 26일] 자공子公이 『동몽선습』 1책을 다 썼는데, 내가 손수 장정하여 함께 드렸다.

[1556년 5월 20일] 오래된 직성책直星冊을 직접 장책했는데, 어머니께서 항상 갖고 계셨던 것임을 잊지 않기 위해서이다.

[1558년 6월 19일] 앓던 이가 밥 먹을 때 빠졌는데, 마음이 허전한 것 같다. 당堂에 돌아와 옛책 1권을 새로 장정했다.[43]

가까운 일족에게 증정할 목적으로 자신이 직접 쓰거나 베낀 책, 또는 부모의 손때가 남아있는 책 등 가족과 관련된 내용의 책은 이문건이 손수 장책하였다. 반면 인쇄본이나 분량이 많은 서책의 경우에는 화공畵工 또는 책공冊工 등의 전문가를 불러 장책 작업을 시켰다.

> [1548년 2월 16일] 화공畵工 동진同眞이 『성리절요性理節要』 4권을 장정해 왔다. 술을 먹이고 쌀 5되를 주었다.
>
> [1548년 2월 28일] 심명길沈命吉이 『천자문』 인쇄본을 장책해 가져왔기에 술을 먹이고 부채 하나를 주었다.
>
> [1552년 7월 7일] 동진이 『완화첩浣花帖』을 제작해 왔기에, 식량 5되를 주고 술을 먹여 보냈다.[44]

이문건의 일기에 등장하는 화공과 책공으로는 황내은동黃內隱同, 동진同眞, 심명길沈命吉, 황림黃琳, 독동禿同, 개산介山, 중손仲孫 등 총 7명의 전문가가 있었는데, 이들은 각각 자신의 전문 분야를 가지고 있었다. 이를테면 황내은동과 황림은 이문건 집안의 병풍屏風, 단병短屏, 족자簇子 등을 제작하는 전문가였고, 심명길과 동진은 인쇄된 서책을 선장본線裝本으로 제작하거나 법첩 형태의 첩장본帖裝本을 제작하는 등 장책 전문가로 확인된다. 이들은 대부분 이문건이 유배되었던 성주 지역 관아 소속의 장인匠人이었다. 이들 장인들은 이문건의 요청에 따라 병풍이나 장책 작업을 수행하였고, 작업이 끝나면 식사나 술을 제공받았으며 쌀 등의 식재료나 부채 등의 물건으로 공임비에 해당되는 대가를 받았다.

## 이문건의 서책 사랑, 장책粧冊에 쏟은 진심

이처럼 심명길과 동진 등의 전문 장인들이 이문건이 소장한 서책을 장책하였던 작업은 크게 3가지 유형으로 구분된다.

> (A) 판관에게 장인匠人을 청했더니 심명길沈命吉을 보내왔기에, 인쇄한 『문선文選』을 주고 아울러 표지를 주면서 책으로 꾸미게 했다(1553. 9. 6). 심명길이 『십구사략十九史略』 8권을 장정해 왔는데, 붉은 실로 묶었다(1558. 11. 29).[45]

> (B) 질동진此同眞에게 (중략) 『해동명적海東名蹟』을 주어 장책하라고 종이와 풀가루(糊末)를 주었다(1551. 8. 17). 동진同眞이 비로소 『해동명적』 2책을 재단해서, 자주색 비단을 넣어 장정하여 가지고 왔다(1552. 2. 24.).[46]

(C) 광주光州에서 보내온 『중용中庸』 3건은 책마다 장수張數

　　가 잘못 섞여 들어간 곳이 다섯 군데나 돼, 심명길沈命吉

　　을 불러 다시 고쳐서 바르게 묶게 하고 고정지藁精紙 1건

　　으로 표지를 다시 장정했다(1552. 1. 17).[47]


　첫 번째는 (A)의 내용과 같이 인쇄된 본문의 종이를 차례대로 접고 표지를 덧댄 뒤 붉은색 실로 엮어 장책하는 방식이다. 이 작업은 가장 흔하고 일반적인 장책 방식으로 선장본을 제작하는 작업에 해당한다. 두 번째는 (B)의 내용에서 보는 바와 같이 주로 법첩法帖 제작에 많이 사용한 방식으로, 첩장본을 만드는 작업에 해당한다. (B)의 내용에서 이문건은 화공 동진에게 우리나라 역대 명필의 필적을 모아놓은 『해동명적』이라는 법첩 제작을 의뢰하였다. (A)의 방식과는 달리 각 장을 풀로 붙이는 방식으로 작업하였다. 표지는 대부분 종이로 제작했지만 역대 명적과 같이 귀중한 내용이 담긴 책을 장책할 경우에는 자주색 등 색깔이 있는 비단을 사용하였다.

　세 번째 방식은 이미 장책한 서책에 문제가 생겼을 때 이를 해책解冊하여 다시 장책하거나, 또는 손상이 심한 서책을 개장改粧하는 경우 등이 이에 해당한다. (C)의 경우에는 이미 인쇄하여 장책한 『중용』의 본문 장수가 뒤죽박죽 섞여 있었으므로 화공 심명길을

불러 페이지 순서를 바로잡고 다시 장책하게 하였다. 이문건의 『묵
재일기』에서도 화공 동진이 장책하여 표지를 입힌 『주역』을 가져
왔는데, 본문의 순서가 뒤섞인 채로 묶여있어 곧장 다시 장책하게
한 내용이 있다.[48] 이와 같은 기록이 반복되는 것을 볼 때 페이지
착종으로 서책을 개장하는 일이 당시에 빈번하게 벌어졌던 것으로
보인다.

손상된 서책을 개장한 후자의 사례로는 흥해배씨 임연재 종가 가
전본인 『상례비요喪禮備要』를 들 수 있다(그림 11). 앞표지 바로 뒷
면의 뜯겨진 테두리에는 "을축년 여름 영리營吏 권운룡權運龍에게
서 얻었다. 동탄東灘 주인이 기록한다."라는 내용을 써놓았고, 그 옆
에 "동탄은 곧 춘포春圃이다."라는 내용을 적었다. 춘포는 배강裵絳
(1694~1776)의 호로, 이 기록을 통해 배강이 을축년(1745)에 감영
의 관리로 있던 권운룡으로부터 『상례비요』를 입수하고 남긴 소장
기록임을 알 수 있다. 또 뒤표지 바로 앞면의 여백에는 "적마赤馬(병
오년) 중추 상한에 개장하여 금역당琴易堂에 소장한다."라는 내용
이 쓰여있다.[49] 앞표지 뒷면의 글씨 부분이 손상된 것에 비해 깔끔
한 상태로 남아있고 글씨도 배강의 필체와 다른 것으로 볼 때 배강
사후인 병오년에 뒤표지를 개장하고 쓴 글씨로 추정된다. 금역당은
배용길裵龍吉의 당호로, 아버지 배삼익이 16세기에 경북 안동에 건

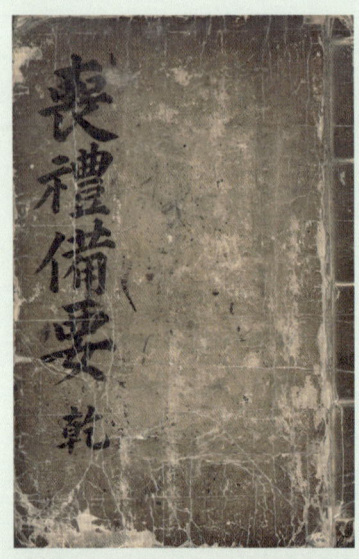

**그림 11**

개장改粧의 사례를 볼 수 있는 『상례비요』,
한국국학진흥원 소장, 홍해배씨 임연재종택 기탁

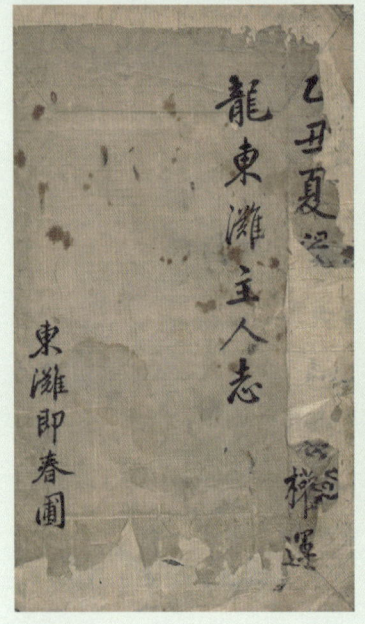

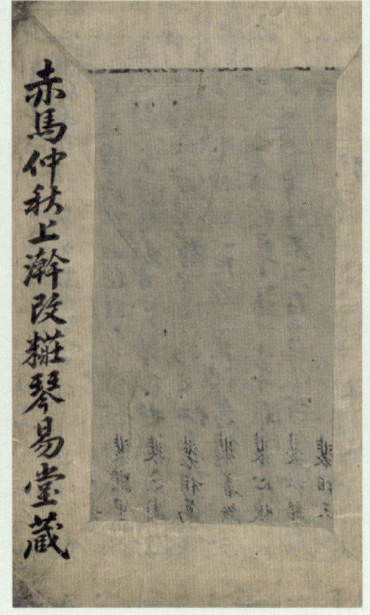

립한 홍해배씨 종택을 가리키기도 한다. 배강은 배용길의 현손 배행검裵行儉의 장남으로, 그가 홍해배씨 종택인 금역당에 이 책을 소장해 오다가 배강의 사후 병오년이 되는 해에 서책의 상태가 좋지 않자 개장하여 지금까지 전해온 것임을 알 수 있다.

이상 살펴본 바와 같이 조선시대 장서가들은 자신이 직접 책을 꾸미는 경우가 많았고, 집안의 중요한 자료인 경우에는 직접 서책을 장책함으로써 자신의 서책을 관리하였다. 분량이 많은 인쇄본의 경우에는 화공·책공 등의 전문가에게 선장본 또는 첩장본 형태의 장책 작업을 요청하였고, 장책에 문제가 있거나 보존 상태가 좋지 않은 서책은 전문가에게 다시 장책하는 개장 작업을 요청하여 자신의 서책을 보존하고 관리하는 데 상당한 노력을 기울였다.

## 명필에게 표지 제목 글씨를 받다

조선시대에는 서책을 정갈하게 꾸며 장책을 마친 이후에는 표지에 책 제목을 써넣었다. 표지에 썼던 책 제목 글씨는 자신이 쓰기도 했지만, 주변에 글씨를 잘 썼던 명필에게 글씨를 받는 경우가 일반적이었다. 16세기 성주 지역에서 유배 생활을 하였던 이문건李文楗 (1494~1567)은 주변의 지인들이 서책을 들고 와 글씨를 요청하는 일이 다반사일 정도로 표지에 책 제목을 써주는 일이 일상이었다. 이문건은 당시 이름난 명필이었다. 그의 행장에는 "필법이 한 시대에 빼어나 한때의 동류들이 따르며 복종하지 않는 이가 없었다. (중략) 글씨를 구하는 자가 있으면 초서로 쓰기도 하고, 해서로 쓰기도 하면서 시원하게 요구에 응해 주었다."[50]라고 평가했을 만큼 글씨에 뛰어난 인물이었기에 그의 주변에는 언제나 그의 글씨를 받으려는 사람들로 북적였다.

이문건의 일기인 『묵재일기默齋日記』에는 그가 1562년(명종 17) 한 해 동안 지인들의 서책 표지에 책 제목을 써준 사례가 모두 18건 기록되어 있다.[51] 한 달에 한 번 이상 표지 글씨를 써주었던 셈이다. 그는 글씨를 써준 일을 일기에 꼼꼼하게 기록했다. "구서제목求書題目 즉서환지即書遷之"라는 표현을 자주 썼던 것을 보면, 주변의 지인들이 서책을 가지고 와 제목 글씨를 요청하면 곧장 써서 돌려주었음을 알 수 있다. 이문건이 서책 표지에 책 제목을 써준 사례 중 몇 가지를 소개하면 아래와 같다.

(a) 황징黃憕이 어제 와서 책 4권의 제목을 써달라고 했는데, 아침에 써서 돌려보냈다(1552. 9. 19). 목사가 (중략) 또 잡다한 책 14권을 보내고 제목을 써주기를 청하기에 밤 새 다 썼다(1556. 1. 14).[52]

(b) 규성奎星이 (중략)『장자莊子』제목을 써달라기에 써주 었더니, 붓 한 자루를 내게 주었다(1536. 6. 13). 류언기 柳彦沂가 와서 책 제목을 써달라고 하며 배[梨子] 3개를 주 었다(1553. 11. 26).[53]

(c) 박응렬朴應烈이 찾아와서 황기로黃耆老의 정자正字 체의 글 씨를 보여주고는 제목을 써달라고 청했다(1556. 8. 9).[54]

(d) 사우士遇가『당시선唐詩選』3책을 보내며 제목을 써달라 고 청하기에, 바로 써서 돌려보냈다. (중략) 손이 떨려

서 너무 형편없었다(1555. 9. 16). 목사가 책을 보내면서 제목을 써달라기에 이를 썼는데, 손이 떨려 글씨가 바르지 않았다(1558. 2. 26). 신희申喜가 책 4권을 가져와서 제목을 써달라고 하기에 바로 써주었는데 손에 힘이 없어 글자가 엉망이었다(1561. 10. 9). 목사의 『주자서朱子書』 8책에 제목을 써서 들여보냈는데, 손이 아파서 글씨가 너무 졸렬했다(1561. 12. 4).[55]

간혹 책 수가 많거나 사람을 보내 책을 맡겨둔 경우에는 (a)와 같이 당일 저녁 또는 다음 날 아침에 글씨를 써서 돌려보냈다. 또한 주변 지인들이 서책 표지에 책 제목 글씨를 부탁할 때는 (b)의 사례와 같이 붓·먹·부채 등의 일상용품이나 과일·보리 등의 식재료로 글씨 값을 치르는 경우가 종종 있었다.

때로는 (c)의 사례와 같이 특별한 경우도 있었다. 박응렬이란 사람이 황기로黃耆老(1521~1575 이후)가 해서로 쓴 서첩을 이문건에게 보여주고는 책 제목을 써주기를 요청한 것이다. 박응렬이 이문건에게 보여준 글씨의 주인공 황기로는 이문건보다 한 세대 어린 연배였지만, 당시 안동을 비롯한 경상도 일대는 물론 전국적으로 글씨 명성이 대단했던 인물이고, 특히 초서를 잘 써 '초성草聖'이라

불린 서예가였다. 가까운 선산 지역에 살고 있어 이문건을 자주 찾아와 함께 어울린 일이 『묵재일기』에 다수 보일 정도로 이문건과도 가깝게 지낸 사이였다. 박응렬이 나름 필명이 있던 이문건에게 황기로의 해서 필적을 보여주며 표제 글씨를 요청한 것은 16세기를 대표하는 서예가 두 명의 글씨를 동시에 얻고자 했던 당시 향반 엘리트들의 문화적 향유 욕구의 발로였다.

이문건은 글씨에 뛰어난 명필이었지만 항상 자신의 글씨에 만족하지는 않았다. 자신이 써준 책 제목 글씨가 마음에 들지 않을 때는 (d)의 사례와 같이 손이 떨려 글씨가 형편없었다거나 엉망이었다거나 졸렬하다는 등 자신의 글씨를 못마땅하게 여기는 경우도 있었다. 하지만 글씨에 대한 자신의 생각이 어떻든 매달 그의 글씨를 받기 위해 책을 들고 찾아오는 이들은 끊이지 않았고, 이문건도 이를 귀찮아하거나 힘들어하지 않고 글씨 써주는 일을 자신의 자연스러운 일상으로 인식하고 있었다.

이문건의 사례에서 살펴보았듯이 명필에게 서책 표지의 글씨를 받았던 문화는 17세기에도 계속되었다. 17세기 인물인 이담명李聃命(1646~1701)이 소장하였던 서책이 현재 대구가톨릭대 중앙도서관에 전해지고 있다. 그가 소장하였던 『당시고취唐詩鼓吹』라는 서책의 마지막 부분에는 이담명이 글씨에 뛰어난 명필에게 표제 글씨를

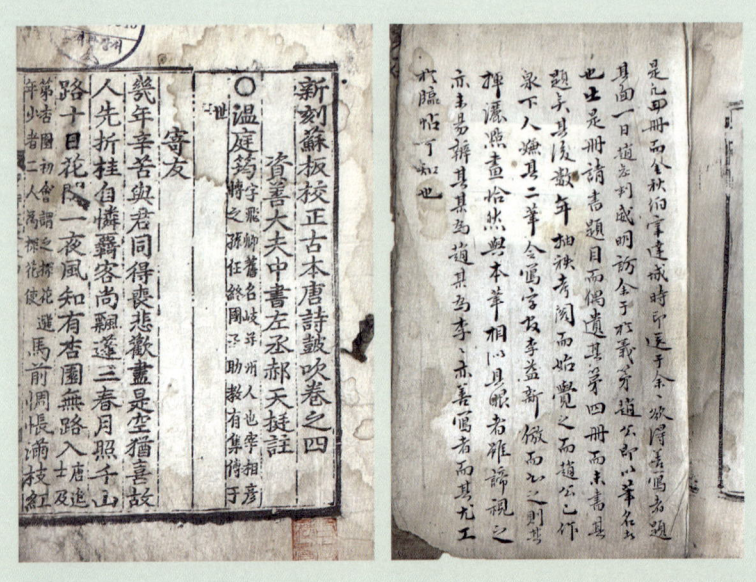

**그림 12**

이담명이 소장하였던 『당시고취唐詩鼓吹』, 대구가톨릭대학교 소장

부탁하였던 사연을 기록하였다(그림 12). 『당시고취』는 당唐나라 시인들이 지은 한시漢詩 가운데 일부를 뽑아 편집한 시선집詩選集으로 전체 4책으로 구성되어 있는데, 마지막 빈 여백에 다음과 같은 내용을 직접 써넣었다.

이것은 모두 4책으로 김추백金秋伯이 달성達城을 맡고 있

을 때 인쇄해 나에게 보낸 것이다. **내가 글씨 잘 쓰는 사람**

을 구해 그 책의 표제를 쓰려고 하였는데, 하루는 참판 조
위명趙威明이 어의동於義洞 집으로 나를 찾아왔다. 조공은 필
명이 있던 자이므로 이 책을 꺼내 제목을 써달라고 하였는
데, 뜻하지 않게 제4책의 제목을 빠뜨리고 미처 쓰지 못했
다. 수년 뒤에 벼슬을 그만두고 하나하나 살펴보다가 비로
소 그 사실을 알게 되었지만 조공은 이미 이 세상 사람이
아니었다. 그의 두 번째 글씨를 받지 못해 아쉬워하던 차에
사자관 이익신李益新을 시켜 똑같이 쓰게 하였더니, 그가 쓴
글씨의 점획이 흡사 본래의 필적과 서로 같았다. 안목을 갖
춘 자가 아무리 자세히 비교하더라도 어느 것이 조참판(조
위명)이 쓴 것이고 어느 것이 이익신이 쓴 것인지 분별하기
어려웠다. 이익신도 글씨를 잘 쓰는 자로, 그가 서첩을 베
끼는 데 더욱 뛰어난 자임을 알겠다.[56]


위 내용을 요약하면 다음과 같다. 이담명은 경상감영에서 간행한
『당시고취』 4책을 대구판관 김태일金兌一(자 추백秋伯, 1637~1702)
로부터 얻고는 명필에게 표제 글씨를 받을 생각이었다. 때마침 예
조 참판 조위명趙威明(1640~1685)이 한성의 어의동 집으로 찾아왔
기에 조위명에게 부탁하여 책의 표제 글씨를 받았다. 조위명은 숙

종 조에 도승지와 예조 참판을 지낸 문신으로, 작은아버지 조경趙絅의 문하에서 학문을 배워 문예에 뛰어났고 글씨에 능하였다. 태조의 부례祔禮를 행할 때 옥책문玉冊文 서사관書寫官을 담당했으며, 이긍익李肯翊이 뽑은 조선 명필 87인의 명단에도 이름이 오를 만큼 글씨에 뛰어난 명필이었다. 그런데 나중에 살펴보니 제4책의 표제 글씨가 빠진 것을 알게 되었다. 그러나 이때는 이미 조위명이 작고한 뒤였다. 조위명이 다시 써야 할 글씨를 받지 못해 아쉬워하던 차에 사자관寫字官 이익신李益新을 불러 마지막 책의 표지 글씨를 쓰게 했는데, 조위명의 글씨체와 거의 똑같이 써서 이익신의 필력에 감탄했다는 내용이다. 사자관 이익신에 대한 정보는 많지 않지만, 1673년(현종 14) 선왕인 효종 능의 토석에 틈이 생겨 천능遷陵할 때 이익신이 지석誌石을 쓴 경험이 많고 용필用筆에 뛰어나다는 평가로 인해 효종의 지석 글씨를 담당한 명필이었다. 현재 이담명이 소장했던 『당시고취』 4책은 완질로 온전하게 보존되어 있으나 안타깝게도 책 제목 글씨를 알아볼 수 없을 정도로 표지가 닳고 해져 조위명과 이익신의 글씨를 확인하기 어려운 점이 아쉬움으로 남는다.

위에서 살펴본 것처럼 명필에게 수집 서책의 표제 글씨를 요청하였던 문화는 18세기에도 계속 이어졌으며, 이를 안정복安鼎福(1712~1791)의 기록에서 확인할 수 있다. 안정복이 소장하였던 『역

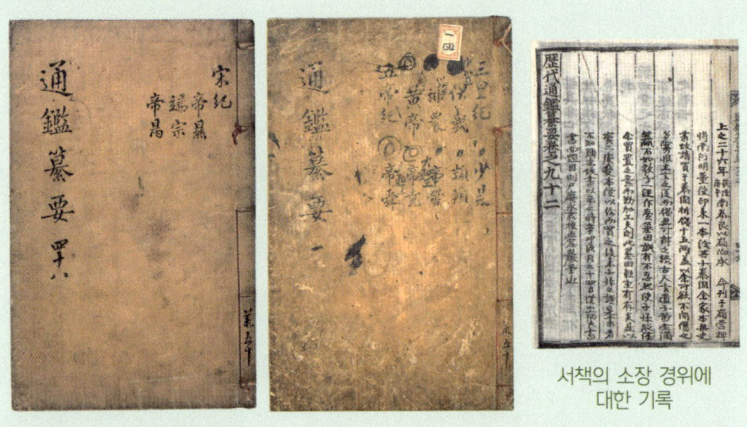

서책의 소장 경위에
대한 기록

**그림 13**
권암 글씨로 표지 서명이 작성된 안정복 장서 『역대통감찬요』, 남평문씨 인수문고 소장

대통감찬요』의 표제 글씨는 매우 단정한 해서로 격조 있는 기품을
보인다(그림 13). 마지막 책 여백에는 안정복이 해당 서책을 소장하
게 된 경위와 함께 표지의 제목을 누구 썼는지를 기록하였다. 그 기
록 끝부분에 "서면書面의 제목은 본관이 안동安東이고 호는 시암尸庵
이고 자는 맹용孟容인 권암權巖(1716~1780)의 글씨이다."라는 내용
을 써놓았다.[57] 권암은 안정복과 함께 성호 이익의 문하에서 수업한
매우 가까운 사이였다. 권암의 셋째 아들 권일신權日身은 안정복의
사위로 두 사람은 사돈 관계가 된다.

국립중앙도서관에 권암이 필사한 것으로 추정되는 《감호수창첩

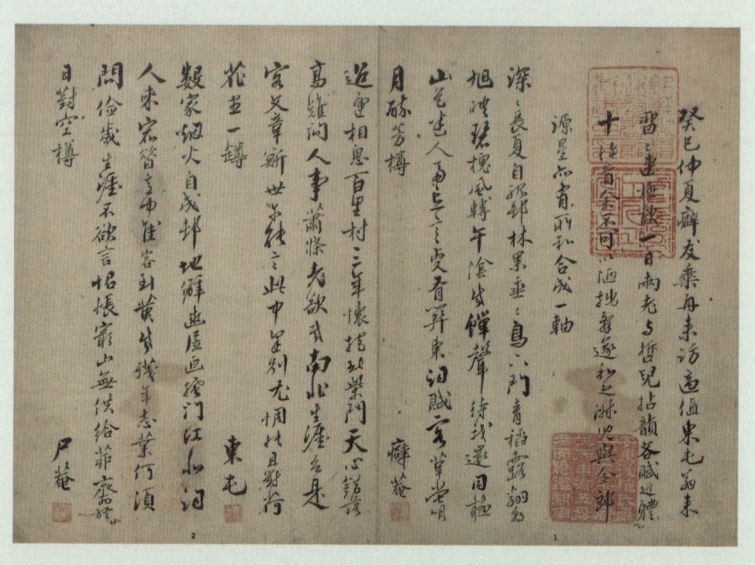

**그림 14**

권암權巖이 지인들과 읊은 시를 모아 엮은 《감호수창첩》, 국립중앙도서관 소장

鑑湖酬唱帖》이 있다(그림 14). 1773년 여름에 권암이 벗 벽옹癖翁 홍
한보洪翰輔 등과 함께 감호鑑湖에서 뱃놀이하며 노닌 일을 십여 수
의 시로 남긴 필첩이다. 필첩의 글씨를 보면 권암이 18세기 예단의
총수였던 강세황姜世晃의 서풍과 유사할 정도로 뛰어난 필재를 갖
춘 인물이었음을 짐작하게 한다. 첫 면에 찍은 인장에는 권암의 본
관, 이름, 자, 호, 생년 등 인적 사항과 노년에 감호의 남쪽에 거처를
두었다는 내용의 인문印文이 있는데, 수준급의 예서로 새겨져 있어

권암이 서예와 인각에도 대단한 취향을 갖추었음을 느낄 수 있다.

안정복의 문집에는 "정해년 봄에 나에게 사벽史癖이 있다는 것을 평소 알고 있던 감호 권맹용[권암]이 친구의 헌 상자를 뒤지다가 해진 당인본唐印本 책 하나를 찾아내 들고 와 보여주었다."라는 기록이 있다.[58] 역사서 수집에 광적이었던 안정복을 위해 발견한 사적이 있으면 바로 주고받을 정도로 학문적으로 가까운 사이였음을 알 수 있다. 안정복이 집안의 전답을 팔아 『역대통감찬요』 50책을 구입한 후에 권암에게 50책의 표지에 책 제목 글씨를 부탁했던 것도 이와 같은 관계였기 때문에 가능했던 것이다.

## 내 서책의 표식, 장서인을 날인하다

다양한 방법으로 서책을 수집하게 되면 일반적으로 자신 소유임을 표시하기 위해 별도의 인장을 만들어 책의 첫 면에 날인하였다. 이를 자신이 소장한 서책에 찍는 인장이라 하여 '장서인藏書印'이라 한다(그림 15). 모든 장서가가 장서인을 날인했던 것은 아니지만, 대부분 자신의 컬렉션을 만들어가는 과정에서 장서인을 만들어 날인하는 것은 책주가 자신의 소유임을 드러내는 일종의 장서문화적 행위였다.

18세기 학자이자 13년간 자신의 일상을 기록한 『흠영欽英』의 주

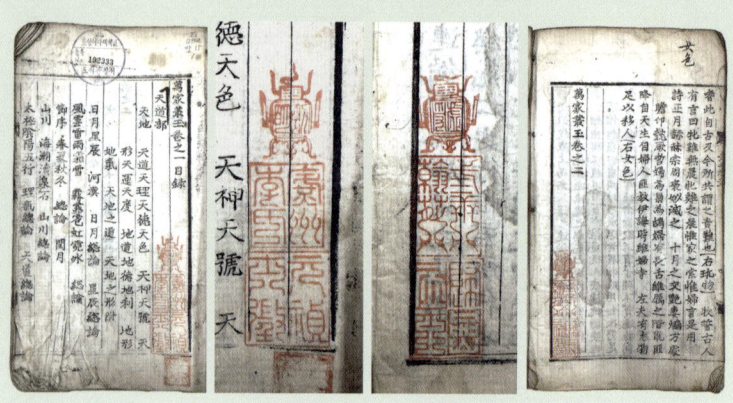

**그림 15**
이원정 장서인이 날인된 『만가총옥萬家叢玉』, 대구가톨릭대학교 소장

인공 유만주兪晚柱(1755~1788)는 자신이 읽었던 책의 내용뿐만 아니라 누가 어떤 책을 가지고 있는지, 서책 중개상(서쾌)이 어떤 책을 유통하고 있는지 등을 상세히 기록할 정도로 책에 대한 관심이 지대하였다. 특히 1784년 4월부터 1785년 7월 사이에는 고가의 서책을 상당량 구입하였는데, 서책 중개상 조씨에게 『합강合綱』 48책을 구입한 뒤 자신의 일기에 다음과 같은 내용을 기록하였다.

> 『합강』을 점검하여 다락에 보관해 두니 무언가 얻은 듯 참으로 충만한 것이 수레로 금이나 곡식을 실어 온 것보다 훨씬 낫다. (중략) '흠영' 글자를 넣은 인장을 새겨 매 책 권수에 날인하고 (후략).[59]

그는 『자치통감강목』(30책), 『속자치통감강목』(14책), 『자치통감강목발명』(4책)으로 구성된 『합강』 48책 전집을 구입하여 다락에 쌓아둔 모습을 보고 수레에 쌓인 금이나 곡식보다 더 만족스럽고 기쁘다고 하였다. 또한 자신의 호인 '흠영欽英'을 새겨 넣은 장서인을 만들어 금보다 더 귀한 48책 매 책의 앞부분에 장서인을 날인하겠다는 다짐을 보였다.

| | 성명인姓名印 | | | 관향인貫鄕印 | |
|---|---|---|---|---|---|
| **11대**<br>**이원정**<br>李元禎 | ⓐ李元禎甫 | ⓑ李元禎氏 | ⓒ元禎士徵 | ⓓ廣陵後人 | ⓔ廣州李氏 |
| | 호인號印 | | 자칭인自稱印 | | |
| | ⓕ歸嵒居士 | ⓖ貴嵒 | ⓗ戊子司馬壬辰亞元 | | ⓘ三世翰苑 |
| | 자경인自警印 | | | | |
| | ⓙ剛明 | ⓚ虛受 | ⓛ敬發深省 | ⓜ城市散隱 | ⓝ一飯不忘君恩 |
| **12대**<br>**이담명**<br>李聃命<br>**13대**<br>**이세침**<br>李世琛 | 이담명 | 이세침 | | | |
| | ⓞ李聃命印 | ⓟ世琛美完 | | | |
| **14대**<br>**이유중**<br>李裕中<br>**15대**<br>**이동무**<br>李東茂 | 이유중 | | | 이동무 | |
| | ⓠ廣陵 | ⓡ李裕中 | ⓢ聖寬 | ⓣ廣陵 | ⓤ李東茂印 |
| **16대**<br>**이태운**<br>李泰運 | ⓥ廣陵後人 | ⓦ李泰運印 | ⓧ來初 | ⓨ石溪散拙 | ⓩ李泰運來初之印章 |

이와 같이 장서가들은 자신의 장서인을 날인함으로써 자기 소유임을 나타내었고, 이러한 표식이 쌓여 자신의 컬렉션이 완성되어 가는 과정을 즐겼다. 실제 17세기 문신인 이원정李元禎(1622~1680) 후손가에서 전해져 오던 이원정 장서에는 그가 소장한 서책임을 보여주는 장서인을 날인한 서책이 모두 104종 확인된다. 104종의 서책에 날인된 이원정의 장서인 종류는 14종이나 되며, 그 형태도 다양하고 인장에 수록된 인문印文도 각양각색이다(표 1).

〈표 1〉과 같이 이원정은 크게 자신의 성명이 들어간 ⓐ'이원정보李元禎甫'와 ⓑ'이원정씨李元禎氏' 인장을 사용하거나 '원정'이라는 이름과 '사징'이라는 자가 같이 들어간 ⓒ'원정사징元禎士徵' 등 성명인姓名印을 많이 사용했다. 특히 ⓐ는 55종의 서책에 모두 날인되어 있어 가장 많이 사용했던 장서인이었다. 이름이 들어간 성명인은 일반적으로 관향인貫鄕印과 함께 날인되었는데, 이원정의 본관인 '광주廣州' 또는 광주의 다른 표현인 '광릉廣陵'이 들어간 ⓓ'광릉후인廣陵後人' 또는 ⓔ'광주이씨廣州李氏' 등의 관향인을 썼다. 이원정의 호 '귀암歸巖'이 들어간 호인號印은 ⓕ'귀암거사歸嵓居士'와 ⓖ'귀암貴嵓' 등 2종만 보여 자주 사용하지 않았다. ⓖ의 경우에는 '귀할 귀貴'자를 사용하였으나 동일한 발음으로 보아 이원정이 호인으로 사용했던 것으로 판단된다.

이원정 소유임을 직접적으로 표현한 성명, 자, 호의 글자는 아니
지만, 자신을 간접적으로 표현한 장서인도 7종이나 사용하였다. 그
중 자신을 지칭하는 글자를 넣은 자칭인自稱印으로는 ⓗ'무자사마戊
子司馬 임진아원壬辰亞元' 8글자를 넣은 장서인과 ⓘ'삼세한원三世翰
苑' 4글자의 장서인이 사용되었다. 전자의 장서인은 이원정이 무자
년인 1648년에 사마시에 합격하였고, 임진년인 1652년 문과에 2등
으로 급제한 자신을 지칭하는 뜻으로 새겼다. '삼세한원' 장서인은
자신의 조부 이윤우, 부친 이도장, 그리고 본인까지 3대가 한원翰苑
이라는 점을 강조한 인장으로, 이는 3대가 연이어 승정원과 예문관
에서 직필直筆하였다는 자부심을 강조한 것이다.

또한 스스로를 경계하거나 자신에게 절실한 문구를 새긴 자경인
自警印을 사용하였다. 솥 모양으로 새긴 정형鼎形 인장의 중앙에는
ⓙ'강명剛明' 두 글자를 넣은 인장을 사용하여 스스로 강직하고 명철
함을 되새기고자 하였다. 또 다른 정형인에는 ⓚ'허수虛受' 두 글자
를 넣었는데, 이는 『주역』 함괘咸卦의 상象에 "군자는 마음을 비우고
남의 말을 받아들인다君子以虛受人."라는 문장을 인용한 것으로, 허
심탄회한 마음으로 남의 의견을 듣는 태도를 갖출 것을 스스로 다
짐한 인장이다. 이 외에도 ⓛ종 모양의 종형鐘形 가운데 '경발심성敬
發深省'이 새겨진 인장, ⓜ'성시산은城市散隱' 4글자가 새겨진 정방형

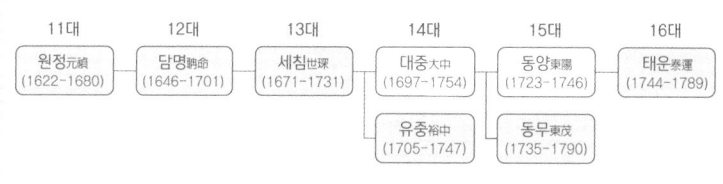

**그림 16**
이원정가 장서인 날인이 확인된 인물

인장, ⓝ'일반불망군은一飯不忘君恩' 6글자가 새겨진 장방형 인장 등을 사용하였다. 그 가운데 마지막 인장인 ⓝ은 앞서 소개한 바와 같이 이원정의 내사본에만 날인되었다. 이 문구는 당나라 시인 두보杜甫가 한 끼 밥 먹을 때에도 임금을 잊어본 적이 없다며 두보의 충군애국忠君愛國을 형용하는 찬사로 전해 오는 말이다.

이와 같이 장서가들은 자신이 소유한 서책임을 표시하기 위해 장서인을 찍었고, 이로 인해 후손들이 자신의 소중한 장서를 잘 관리해 주기를 희망하였다. 이원정 후손가의 사례를 살펴보면 그의 후손들은 이원정의 장서를 소중히 관리하였고, 선조의 컬렉션에 자신의 서책을 추가하면서 집안의 컬렉션으로 장서 규모를 확장해 나갔다. 이원정의 아들 이담명李聃命(1646~1701)의 이름이 새겨진 ◎'이담명인李聃命印'과 손자 이세침李世琛(1671~1731)의 이름과 자가 새겨진 ⑨'세침미완世琛美完', 그리고 이세침의 차자 이유중李裕中의 장서인 3종(⑨·ⓡ·⑤)과 이세침의 장자 이대중의 아들 이동무李東茂의 장서인 2종(ⓣ·ⓤ), 이대중의 손자 이태운李泰運(1744~1789)의 장서인 5종까지 모두 집안의 장서에 날인되었다. 이처럼 광주이씨 이원정가는 6대에 걸쳐 자신의 인장을 만들고 서책에 날인하여 자신의 소유임을 표시하였다. 이는 좁게는 자신의 장서, 넓게는 집안의 장서를 지키고 장서의 규모를 확장해 나가는 양반 가문의 일상적 행위였다고 볼 수 있다.

대부분의 장서가가 자신의 책에 자신의 장서인을 찍어 서책을 관리하였으나, 그렇지 않은 경우도 있었다. 유만주는 1780년 8월 2일 자신의 일기에 소론의 핵심 인물인 최석정崔錫鼎(1646~1715)과 그의 장서에 대해 다음과 같이 기록하였다.

> 최석정崔錫鼎은 장서가 매우 많았으나, 모두 장서인石記을 쓰지 않았다고 한다. 빌려 간 사람에게 돌려달라고 한 번도 채근하는 법이 없었고, 늘 자제들에게 당부하기를, "서적은 공물公物이니 사사로이 차지할 수 없는 것이다. 내가 마침 서적을 모을 힘이 있었기에 서적이 나에게 모인 것이니, 다른 사람이라고 해서 어찌 유독 그렇지 않겠는가." 하였다.[60]

유만주의 일기에 따르면 최석정은 소장한 서책이 많은 장서가였지만, 자신의 서책에 전혀 장서인을 사용하지 않았다. 인장을 찍지 않은 이유는 자신의 장서는 사적인 소유물이 될 수 없고, 많은 사람들이 봐야 하는 공적인 물건이기 때문이라는 것이다. 유만주는 최석정이 자신의 책을 빌려 간 사람에게 돌려달라고 한 번도 재촉하지 않았을 뿐만 아니라, 자신의 장서인을 찍은 적이 전혀 없었다는 사실을 특별히 강조하는 기록을 남겼다. 최석정의 장서 행태는 장서의 구축과 집안 전승을 통해 지적 규모의 확대와 정신적 외양의 표출을 꾀했던 일반 양반가의 과시욕과는 전혀 다른 태도를 보여준다. 자신의 장서를 사적 소유가 아닌 공적 자산으로 인식하여 많은 이들과 공유하고자 했던 지식인의 각성과 실천을 보여준 것이라 하겠다.

## 별도의 공간에 서책을 보관하다

조선시대 장서가들의 서책들은 별도의 공간에서 안전하게 보관
되었고, 소장자 나름의 분류 방식에 따라 특별히 제작된 상자나 가
구 등에 구분·보관되었다. 16~17세기 문사들의 일기 등의 기록을
살펴보면, 그들이 서책을 보관하였던 대표적인 공간이 있었다. 당
시 선비들이 거주하였던 가옥의 형태를 통해 서책을 간직했던 공간
을 살펴볼 수 있는데, 그 대표적 사례로 안동 흥해배씨 임연재 종가
에 전해오는 가옥도를 들 수 있다.

16세기에 도목촌에 건립되었던 안동 흥해배씨 종택은 배삼익의
아들 배용길裵龍吉(1556~1609)의 호를 따 금역당琴易堂이라 하였다.
금역당은 18세기에 큰 홍수를 만나 그의 5대손 배집裵緝(1710~1755)
에 의해 대대적으로 개축되어 그 구조가 크게 바뀌었다.[61] 흥해배씨
집안 자료 가운데 18세기에 개축되기 이전의 금역당 형태를 그려놓
은 도면이 남아있다(그림 17). 옛 종택의 도면은 집안에 소장된 『상
례비요』 권말의 뒤표지 안쪽 면지에 그려져 있고, 도면의 위쪽에는
'금역당琴易堂 구가도舊家圖'라고 적어 금역당의 옛 형태임을 표기하
였다.

배삼익은 1586년 자신의 장서목록 『책치부冊置簿』를 작성하였으

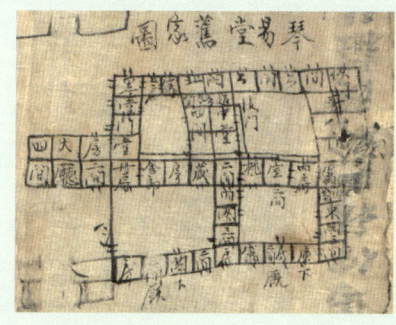

며, 자신의 장서에 '임연재臨淵齋'가 새겨진 장서인을 날인하였다.
배삼익의 장서는 그의 아들 배용길에게 전해져 그의 호가 새겨진
'금역당琴易堂' 장서인이 배삼익 장서인과 동시에 날인되었다.[62] 이
는 배삼익이 간직했던 옛 장서가 그대로 아들 배용길에게 가전되
었음을 알려주는 것이다. 배삼익의 6세손 배집이 "옛 치부置簿(장
서목록)에 수록된 서책이 2,882권이었다."라고 기록한 것으로 보아
옛 종택인 금역당에 보관되었던 서책은 대략 3,000권 정도였을 것
으로 추정된다.[63] 그렇다면 삼천 권을 보관할 수 있는 공간이 필요
했을 것인데, 그 공간을 '금역당 구가도'에서 확인할 수 있다. 금역
당의 옛 형태를 쉽게 이해할 수 있도록 바꾸어 그려보면 〈그림 18〉
과 같다.

　홍해배씨 옛 종택의 형태는 〈그림 18〉에서 보는 바와 같이 중앙

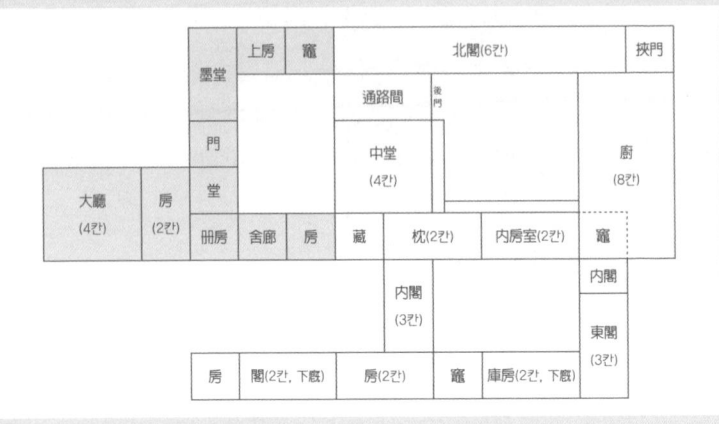

**그림 18**

홍해배씨 금역당의 옛 형태 도면

에 위치한 중당中堂을 중심으로 오른쪽의 'ㅁ'자 공간은 부엌[廚], 내방內房 등 여성과 가족들이 생활하는 사적 공간이었다. 반면 중당의 왼쪽 'ㅁ'자 공간은 대청大廳, 사랑舍廊 등 남성과 손님을 위한 공적 공간으로 구성되어 있다. 남성들의 공간 가운데 눈에 띄는 부분은 사랑舍廊과 책방冊房과 묵당墨堂이다. 사랑은 남성들이 생활하며 외부 손님을 접대하였던 공간이며, 사랑의 바로 옆에 붙어있던 책방은 앞서 언급한 3천 권에 이르는 서책을 보관하였던 장소로 짐작된다.

또한 책방에서 가까이 위치한 '묵당'이라는 공간이 있었다. 묵당

이라는 공간의 정확한 용도를 알 수 없지만, 소식蘇軾의 「석창서취
묵당石蒼舒醉墨堂」에서 언급되었던 송대 서예가 석창서石蒼舒의 취묵
당醉墨堂과 유사한 공간으로 유추된다. 소식의 시에서는 석창서가
취묵당에서 붓글씨를 익히고 버린 글씨가 산처럼 쌓일 정도로 고
된 연습을 하는 모습을 묘사하였다. 석창서의 취묵당은 문자 그대
로 묵향에 취해 글씨를 익혔던 공간을 의미한다. 한편 김득신金得臣
(1604~1684)도 같은 서재명인 취묵당을 갖고 있었는데, 거기에 걸
려있던 「독수기讀數記」에는 평생 만 번 이상 읽은 글의 목록을 적어
놓았다고 한다. 이 기록은 김득신의 취묵당이 서책을 읽는 공간이
었음을 암시한다. 따라서 홍해배씨 옛 종택의 묵당은 묵향이 진동
할 정도로 글씨를 익히던 학서 공간이자 묵향이 그으게 풍기는
서책을 읽었던 독서 공간이었을 것이다.

16세기의 문인 미암 유희춘(1513~1577)은 해남에 새 집을 지었
는데, 자신의 일기에 당시 서책을 보관하였던 장소를 다음과 같이
기록하였다.

[1570년 12월 9일] 한양에 있던 책이 왔다. '중대청'이 가
득 막혀 답답할까 하여 그 상자와 농을 '북루'로 옮겼다.
[1575년 10월 29일] 계문 광선이 옥석과 함께 '누하방'에

있던 책 3,500여 권을 '중당'으로 옮겼다.

[1575년 10월 30일] 부인과 광선이 '중당'의 서책을 가지
런히 정리하였다.

[1575년 12월 11일] 아침에 '중당'에 있던 서책을 '대방'으
로 옮겼다.

[1576년 2월 11일] '중당'의 서책을 광선이의 지도 아래
온달이 '북루'로 옮겨 정리하였다.[64]

유희춘은 1569년 10월부터 고향 해남에 집을 짓기 시작하여
1570년 12월에 47칸 규모의 새 집이 대략적인 모양을 갖추었다.[65]
주택이 완공되지는 않았지만 12월 9일에 한양에서 유희춘의 서책
들과 서책을 담은 상자, 서가 등의 가구들이 해남 새 집으로 내려왔
고, 임시로 서책을 중층 구조의 북루北樓에 보관하였다. 손님을 맞
이하는 공간이었던 북루 아래층의 누하방樓下房에 보관하였던 서책
약 3,500권은 1575년 10월에 중당中堂으로 옮겨졌고, 12월에는 다시
대방大房으로 옮겨갔다. 1576년 2월에는 중당에 있던 책들을 다시
북루로 옮겼던 것으로 확인된다. 서책을 보관하였던 장소가 계절에
따라 계속 변화하였는데 가을에는 중당으로, 추운 겨울에는 막혀있
는 큰 방[大房]으로 이동하였고, 따뜻한 봄에는 외부공간인 북루로

옮겨졌던 것이다.

17세기 초반에 예안의 한곡寒谷에 거주하였던 김택룡金澤龍(1547
~1627)의 일기에도 자신의 장서를 보관하였던 공간에 대해 간략하
게 기록하였다.

> [1612년 2월 3일] 저녁에 책방에 나가 서적을 점검했다.
>
> [1612년 3월 23일] 책방의 고요한 방에 앉아 『한서』와 경
> 헌 등의 서사書史를 열람하였다.
>
> [1612년 7월 2일] 집에 돌아와 아우 덕룡을 시켜 책방의
> 비가 새는 곳을 보수하게 했다.
>
> [1612년 7월 20일] 집에 있으면서 서적을 점검하고 살펴
> 보았다.
>
> [1616년 11월 1일] 각을 시켜 서책 상자를 점검하도록 한
> 뒤 봉해서 방에 두도록 명하였다. 지키는 사람이 없으면 허
> 술해져 분실될 것을 우려했기 때문이다.
>
> [1617년 8월 7일] 아침에 논복이 책방의 지방목地防木을
> 고쳤다.[66]

김택룡은 계절과 관계없이 자신의 장서를 책방冊房이라는 공간

에 보관하였다. 그는 정기적으로 서책 상자에 보관해 둔 장서를 점검하였고, 서책이 손상되지 않도록 책방에 비가 새는 부분이 있으면 고쳐두었으며, 서책이 분실되지 않도록 책을 보관한 상자를 봉해둘 정도로 자신의 장서를 소중히 관리하였다. 김택룡의 책방은 서책 보관 장소이자 책을 열람하는 공간이었다.

16~17세기 문인들이 서책을 보관했던 공간은 그 내부가 어떤 형태인지는 정확하게 파악할 수 없다. 반면 18~19세기의 문인 서유구 徐有榘(1764~1845)는 서책 보관 공간으로 '장서각藏書閣'이라는 명칭을 사용하였고, 장서각 내부 구조를 다음과 같이 묘사하였다.

담장 바깥이나 정원 한가운데에서 지대가 높고 건조하고 탁 트였으며, 인가와 멀리 떨어져 있는 곳을 택하여 장서각을 짓고 책을 보관한다. 장서각의 규모는 보관해야 할 책의 양에 따라 결정한다. (중략) 북쪽 벽을 따라서 서주書廚를 줄지어 놓고 경서·사서·제자서·시문집을 보관한다. 장서각은 좁은데 책이 많다면 동쪽과 서쪽 벽에도 모두 서가를 놓아도 된다. 서가에서 약간 남쪽 정중앙에는 대나무 의자와 다리가 긴 책상 하나씩을 놓는다. 책상 위에는 벼루, 묵상, 필상, 장서목록, 기름 먹인 간판簡版 등을 하나씩 놓는다. 책을 한 번 꺼낼 때마다 항상 간판에 책 이름, 권수, 날짜를 기록하고, 다시 서가에 돌려놓으면 기록한 내용을 지워서 책의 출납을 까먹는 일을 대비한다. (중략) 장서각의 격자 창틀 위쪽 벽의 바깥 면에는 돌에 새긴 편액을 박고, (격자 창틀 위쪽 벽의) 안쪽 면에는 석판 2개를 박는다. 석판 하나에는 기문을 새기고, 다른 하나에는 "이것은 누구누구의 장서로 자손들에게 가르침을 내리니 이 장서를 팔거나 남에게 빌려준다면 이는 불효를 행하는 것이다某氏藏書子孫是教 鬻及借人 玆爲不孝." 라는 내용의 16자를 새긴다. 장서각은 자물쇠로 잘 잠가두어서 예상치 못한 일을 막는다.[67]

서유구는 장서각이라는 공간에서 서책을 보관하는 방식에 대해 몇 가지를 제시하였다. 첫 번째는 서책을 보관하는 가구와 그 배치 방식에 대한 것이다. 그는 장서각 벽면을 따라 '서주書廚'를 배치한다고 하였다. 서주는 책을 수납하는 가구로 문이 달린 책장冊欌을 의미한다(그림 19). 서주는 일반적으로 2-3층으로 이루어졌으나 5층까지 제작한 경우들도 있으며, 각 층에는 별도의 여닫이문이 달려 있다. 서유구는 『이운지怡雲志』에 서주의 형태와 제작방법에 대해서도 묘사하였는데, "나무 문살에 종이를 붙여 4칸이나 5칸으로 마음 가는

**그림 19**

조선 후기 서주書廚 형태

서주, 구례군립운조루유물전시관 소장

서주, 국립민속박물관 소장

대로 만들고, 칸마다 각각 문짝 2개를 설치하고 여닫는 자물쇠를 갖춘다. 서주 안쪽에 짙은 분전을 바르고, 바깥쪽에는 황칠로 옻칠을 하면 습기를 멀리하고 뿌옇게 변하는 현상을 막을 수 있다. 별도로 여러 색의 분전, 즉 메모지로 칸 안에 보관 중인 책 이름을 쓴 뒤, 해당 칸에 달린 문짝 밖에 붙여서 책의 출납을 살피는데 대비하게 해야 한다."라고 하였다.[68] 이처럼 서유구는 4-5칸 높이의 서주를 장서각의 북쪽 벽면에 배치해야 한다고 하였고, 장서량이 많은 경우에는 동쪽과 서쪽에도 두어 'ㄷ'자 형태로 남쪽을 향하도록 하였다.

두 번째는 서주 이외에 갖추어야 할 가구와 물품에 대해 언급하

그림 20

조선 후기 분판粉板 형태

분판, 한양대학교박물관 소장　　　　　분판, 국립민속박물관 소장

였다. 가구로는 의자[竹椅]와 책상[高足案]을 갖추어야 한다고 하였다. 또한 책상 위에 갖추어야 할 중요 물품으로 먹과 붓을 올려놓는 받침대인 묵상墨牀·필상筆牀과 벼루를 언급하였다. 이는 무언가를 기록하기 위한 지필묵紙筆墨을 책상 위에 갖추어야 할 첫 번째 물품으로 꼽았던 것이다. 두 번째 물품으로는 서책들의 장서목록과 기름유분 간판油粉簡版을 갖추어야 한다고 하였다. 장서목록은 장서각에 어떤 책이 소장되어 있는지를 찾아볼 수 있는 역할을 한다. 유분 간판은 줄여서 분판粉板이라고도 하는데, 석회가루를 기름과 아교에 개어 네모난 나무판이나 종이에 발라 말린 것이다(그림 20). 글씨를

쓰고 지우는 용도로 사용되었다. 장서각 책상 위에 분판을 갖추도록 하였던 이유는 책을 보고자 하는 이가 서주에서 책을 꺼내 볼 때에 반드시 분판에 책의 서명과 권수, 꺼내본 날짜를 반드시 기록하고, 해당 책을 다 읽고 다시 서주에 넣을 때는 분판에 써놓은 내용을 지우도록 하였다. 이처럼 장서목록과 분판을 통해 장서각 내부의 서책이 제자리에 정확하게 수납되고, 이후의 서책 이용에 불편함이 없도록 관리되었다.

마지막으로 서책 보관의 중요 사항으로 서책의 안전한 보안에 대해 강조하였다. 서유구는 장서각 내부 벽면에 석판을 만들어 걸어두도록 하였다. 석판에는 장서각에 소장된 장서는 어느 집안의 것이고 후손들을 위한 서책이기에 함부로 팔거나 남에게 빌려준다면 이는 선조에게 불효하는 행위라는 점을 문자로 새겨 놓도록 하였다. 또한 장서각 건물은 자물쇠로 잠가두어 서책이 분실되지 않도록 갖추어야 할 사항에 대해 언급하였다.

이와 같이 조선시대 문인들의 장서는 별도의 건물인 장서각에 소장되어 관리되거나, 집안의 별도 공간인 책방이나 중당에서 관리되기도 하였다. 장서각과 책방 등의 공간에는 보관 상자 또는 서주 등의 가구를 두어 서책을 보관하였고, 해당 공간에는 장서목록과 분판 등을 갖추어 서책의 출입을 기록할 수 있도록 관리하였다.

## 장서목록을 만들어 서책 출입을 관리하다

서책이 일정 분량 쌓이게 되면 자신의 소장본, 컬렉션의 개념이
생겨나게 되고, 자신의 장서를 관리하기 위해 장서 리스트를 작성
하였다. 서유구는 서책도 재산의 중요한 일부이기에 장서목록을 필
수로 작성해야 함을 아래와 같이 강조하였다.

> 부자들은 수만 냥의 재산을 모으면 반드시 장부책을 두
> 어 질그릇과 가마솥의 유무와 다리 부러진 노구솥까지 조
> 사하여 모두 수량과 목록을 기록해 넣었다. 하물며 우리가
> 소장한 서책들은 장차 몸과 마음을 맑게 하고 자손을 가르
> 칠 자료인데, 도리어 책에 관한 목록 작성을 느슨히 해서야
> 되겠는가.[69]

그는 각종 집안의 자질구레한 세간도 리스트를 만들어 수량을 기
록해 두는데, 집안의 자손을 가르칠 도구인 서책에 대한 목록 작성
은 더욱 중요하다고 강조한 것이다. 실제 조선시대 장서가들은 자
신의 장서목록을 만들어 서책을 관리하였고, 당시 작성된 개인의 장
서목록 실물이 지금도 지속적으로 발견되고 있으며, 해당 장서목록

**그림 21**

16~18세기 대표적 장서가의 장서목록

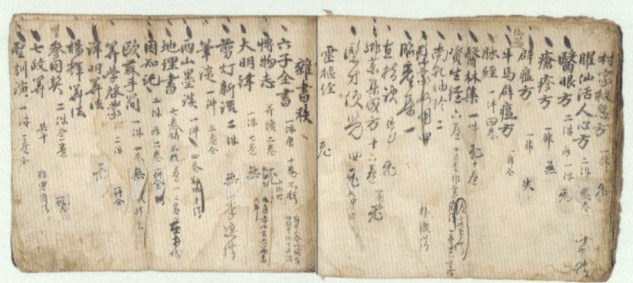

(A) 1586년 작성 배삼익 장서목록, 한국국학진흥원 소장

(B) 1631년 정경세 장서목록, 우복종가 소장

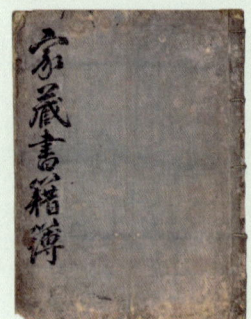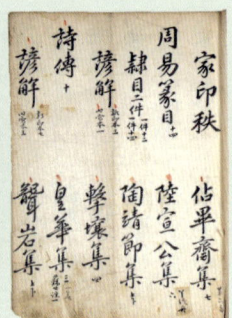

(C) 1668년 송준길 장서목록, 대전시립박물관 소장

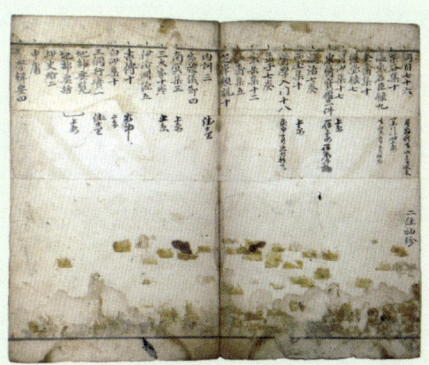

(D) 1669년 이전 이원정 장서목록, 계명대학교 소장

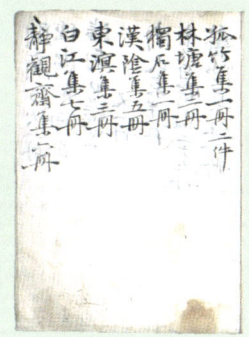

(E) 1688년 박세당 장서목록,
한국학중앙연구원 장서각 소장

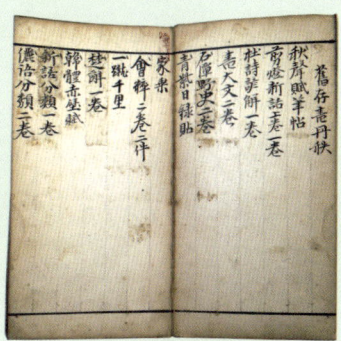

(F) 1690년대 이담명 장서목록,
계명대학교 소장

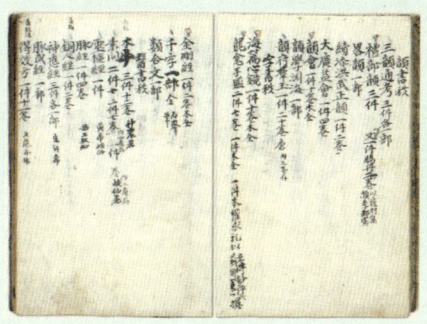

(G) 1727년 배집 장서목록, 한국국학진흥원 소장

이 누구의 것인지에 대한 연구도 진행되고 있다. 이전에는 주로 조선 왕실 또는 향교나 서원의 장서목록을 중심으로 연구되었던 반면, 2000년 이후에는 문중의 고문서 자료들이 발굴되면서 개인의 장서목록이 공개되어 이들 자료에 대한 관심도 높아지고 있다.

16세기 개인 장서목록으로는 배삼익裵三益에 의해 1586년에 작성된 장서목록인 『책치부冊置簿』가 소개되었다(그림 21A).[70] 현재까지 발견된 가장 이른 시기의 개인 장서목록이라는 점에서 그 의미가 깊다. 17세기에 작성된 장서목록으로는 정경세鄭經世의 『서책록書冊錄』(그림 21B), 송준길宋浚吉의 『가장서적부家藏書籍簿』(그림 21C), 이원정李元禎의 『광주이씨서책치부廣州李氏書冊置簿』(그림 21D), 박세당朴世堂의 『가장서적家藏書籍』(그림 21E)에 대한 연구가 진행되었다.[71] 또한 심억沈檍의 『심억가기沈檍家記』에 수록된 서책목록, 이원정·이담명 부자의 장서목록인 『완부조비서책完府措備書冊』(그림 21F), 조극선趙克善의 『가장서적家藏書籍』 등이 연구되었다.[72] 이처럼 정경세, 송준길, 박세당, 이원정, 이담명, 조극선 등 17세기 주요 인물들이 어떤 서책을 소장하고 독서하였는지 알려주는 개인의 장서목록이 이미 공개되었다. 이는 단순한 자료 발굴이 아니라 개인의 지식 생산과 공유 과정을 파악할 수 있게 해준다. 따라서 앞으로 지식정보의 공유와 확산이란 측면에서 보다 심도 있는 연구가 진행될 것으로 보인다.

　18세기 개인이나 사가의 장서목록으로는 안정복安鼎福의『목천현지래책목록木川縣持來冊目錄』과 그의 일기에 수록된 「가장서책구질家藏書冊舊秩」·「자비서책질自備書冊秩」이 소개되었고,[73] 배삼익의 6대손 배집裵緝의 가장 서책 목록인『외암비장畏巖秘藏』(그림 21G)이 연구되었다.[74] 18세기 인물의 장서목록에 대한 발굴과 연구는 상대적으로 그리 많지 않은 편이다. 19세기 이후 개인·사가 장서목록에 대해서는 양주楊州 남양홍씨南陽洪氏 집안의 장서목록인『만권루장서목록萬卷樓藏書目錄』, 곡성谷城 금성정씨錦城丁氏 집안의 장서목록인『경사자집입궤록經史子集入櫃錄』에 대한 연구가 이루어졌으며,[75] 김노경金魯敬과 그의 두 아들 김정희金正喜, 김명희金命喜 삼부자三父子의『유여관장서留餘觀藏書』가 발굴·연구되었다.[76] 또한 김정희의『추사구장서목록秋史舊藏書目錄』, 김유근金逌根의『서적총목書籍總目』등 개인 장서목록에 관한 연구가 진행되었고, 윤상봉尹相鳳·윤필병尹弼炳·윤정중尹正重 등 윤황尹煌 후손 장서목록 6종이 발굴되어 연구가 진행되었다.[77] 19세기 이후 개인·사가 장서목록은 대부분 개인 장서목록의 성격보다는 누대에 걸쳐 가전된 서책들을 수록한 목록, 즉 집안 장서목록의 성격이 강하게 드러난다.

　조선시대 인물들의 일기 내용에서도 장서목록이 언급되는 경우

가 확인된다. 유만주俞晚柱(1755~1788)의 일기 『흠영欽英』에는 민성
휘閔聖徽(1582~1647)의 생전 장서목록을 살펴보고 그의 장서 소장
량에 놀라는 장면이 언급되어 있다.

> 민경속이 『숙민서목肅敏書目』(민성휘의 장서목록) 1책을
> 보여주었다. (중략) 비로소 밤에 서목을 읽어보았다. 금金
> ·석石·산山·해海·정靜·원遠·유留·통通 등의 글자로 18궤로 나
> 눴으며, 모두 2,874권으로 장연長淵 묘음사妙陰寺에 보관된
> 것이다. 그 중 『소자전서』 15책, 『여씨춘추』 4책, 『태현』 2
> 책, 『사서인물고』 6책 등은 우암尤菴이 빌려 갔다는 표기가
> 있다.[78]

유만주는 민성휘의 7대손 민경속閔景涑(1751~1794)으로부터 그
의 7대조 민성휘의 장서목록을 빌려 보았다. 민성휘의 장서목록을
통해 유만주는 민씨 집안의 장서가 어느 정도인지, 보관 장소는 어
디인지, 책을 빌려 갔던 사람은 누구였는지 등을 확인할 수 있었다.
민성휘의 장서는 거의 삼천 권에 가까웠고, 황해도 장연에 위치한
묘음사에서 18개의 상자에 나뉘어 보관되고 있었다. 장서목록에 기
록된 각 서책의 서명 아래에 '우암'이라는 표기가 더러 나오는데, 이

는 여흥민씨가에서 송시열宋時烈(1607~1689)에게 빌려준 것임을 적어둔 것이다.

이와 같이 장서목록을 만들어두면 장서 전체를 한눈에 파악할 수 있었고, 언제 누구에게 어떤 책을 빌려줬는지, 언제 반납받았는지 등을 확인할 수 있었다. 또한 자신의 장서를 사후 아들이나 손자에게 물려 줄 때에도 후손들이 장서 점검과 관리를 손쉽게 할 수 있는 유용한 도구가 바로 장서목록이었던 것이다. 서유구는 책을 소유한 이들 사이에 서책 정보를 공유하고, 서로 서책을 대여·교환할 수 있는 방안이 장서목록이라고 강조하였다.

> 내가 남에게 빌려주지 않으면 남들도 결코 나에게 빌려 주지 않는다. 자기가 가진 것을 꽁꽁 싸매고 조금도 여지를 주지 않으면, 비록 세월이 쌓여도 책을 증가시킬 방법이 없으니, 장서가들은 어디서 책을 얻겠는가? 내가 지금 하나의 간편한 방법을 생각해 본다면, 장서가들 피차간에 각각 상대방의 '장서목록'을 보고 '자기에게 없는 책'을 표시한다. (중략) 저술의 분야가 같고, 시대의 선후가 같고, 권질의 양이 같은 책을 비교해 있거나 없는 책을 서로 주고받기로 약정한다.[79]

〈표 2〉 이원정의 친인척 및 주변 지인들의 서책 대출 사례

| 구분 | 출입 장소·인물 | 해당 서책 |
|---|---|---|
| 친인척 | 매호댁梅湖宅 | 병정일기丙丁日記, 시전詩傳, 사고私稿, 서전書傳, 주역周易 등 8종 |
| | 직장댁直長宅 | 춘추春秋, 만병회춘萬病回春 등 3종 |
| | 가사리佳士里 | 내훈內訓, 삼강행실三綱實, 사략史略 등 3종 |
| | 최랑崔郎 | 서전書傳, 춘추春秋 등 2종 |
| | 매원 이찰방梅院 李察訪 | 문선文選 |
| | 박곡 참판댁朴谷 參判宅 | 차원부설원車原頫雪冤 |
| | 참봉댁參奉宅 | 서대문書大文 |
| | 장만용張萬用 | 사서四書 |
| | 이원희李元禧 | 병학지남兵學指南 |
| | 김중남金重南 | 우주두율虞注杜律 |
| | 매촌梅村 | 해동명신록海東名臣錄 |
| 기타 지인 | 양제신梁濟臣 | 탁영집濯纓集 |
| | 전주통인全州通引 | 전등신화剪燈新話 |
| | 이태길李泰吉 | 침구경험방鍼灸經驗方 |
| | 배두병裵斗柄 | 동의보감東醫寶鑑 |
| | 은국주殷國柱 | 반사초班史抄 |
| | 월곡月谷 | 장감박의將鑑博議 |

　　실제 이원정李元禎의 장서목록(그림 21D)을 살펴보면 이원정이 자신의 장서를 얼마나 잘 관리하였는지를 알 수 있다. 맨 윗줄에는 서책 서명을 기록하였고, 서명 아래에 별도의 종이를 붙여 언제 누가 빌려 갔는지, 누구한테 줬는지, 어디로 옮겨갔는지, 언제 반납하였는지 등 서책의 출입 시기와 출입 관련 인물과 장소 등에 대해 적어두었다. 서책이 특정 장소로 '갔다'(往, 轉往, 去, 持去), 특정 인물에

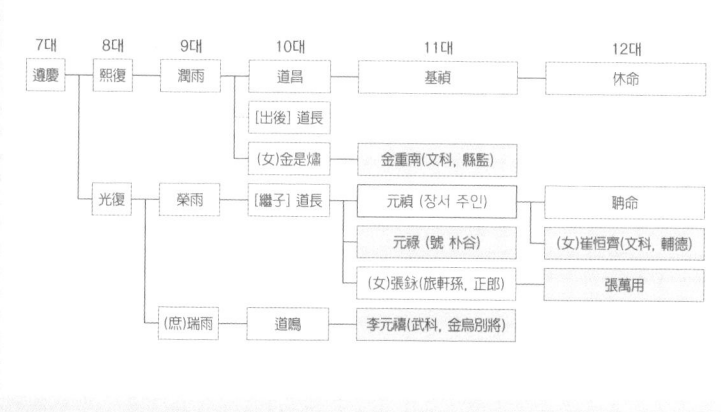

**그림 22**
이원정과 서책 대출자와의 관계

게 '대여 또는 반납되었다'(借去, 借, 還來), 특정 인물에게 '서책을 주었다'(冊給之) 등을 꼼꼼히 기록하였다. 이를 통해 모두 23종의 장소 또는 인물들에 의해 서책이 출입되었음을 확인할 수 있다.

그의 장서목록에 기록된 서책 대출자들은 이원정의 친인척과 주변 지인들이 가장 많았던 것으로 확인된다. 책을 빌려 간 대상을 표기할 때 실명으로 명시한 경우도 있지만 매호댁梅湖宅, 직장댁直長宅, 참봉댁參奉宅 등 택호宅號로 표기하는 경우가 많았고, 이찰방李察訪, 최랑崔郎 등과 같이 실명이 아닌 별칭을 사용하기도 하였다. 이 가운데 실명으로 표기된 대표적인 서책 대출자들을 살펴보았다(그림 22). 첫 번째로 『우주두율虞注杜律』을 대여한 김중남金重南 (1636~1698)은 김시소金是燵와 이원정 고모 사이의 장남으로 이원 정에게는 사촌 동생이며, 1646년에 문과에 급제하여 단성 현감, 자 인 현감 등을 지냈던 인물이다. 두 번째로 『병학지남兵學指南』을 빌 려 간 이원희李元禧는 이원정과는 6촌 관계인 서자 동생으로, 무과 에 합격하여 금오별장金烏別將 직위에 있었던 무인이었다. 당시 무 과 시험을 준비하고 있어 이원정에게 병서兵書를 빌려 갔던 것이 아 닌가 추측된다. 세 번째는 『사서四書』 수진본袖珍本을 빌려 간 장만 용張萬用이다. 그는 경북 인동의 여헌旅軒 장현광張顯光 집안의 장영 張鍈(1622~1705)과 혼인한 이원정 누이의 넷째 아들이다. 이원정 장서가 소장되어 있던 성주(현재 칠곡)와 멀지 않았기에 서책의 대 여와 출입이 용이하게 이루어졌던 것으로 짐작된다.

이 외에도 『차원부설원車原頫雪冤』을 대여한 '박곡 참판댁'은 이원 정의 동생 이원록李元祿 집안을 가리키며, 『서전書傳』 등을 빌려 간 '최랑崔郎'은 이원정의 둘째 사위 최항제崔恒齊이다. 그가 책을 빌려 간 시점은 생원진사시와 문과에 급제하기 전인 1675년 이전에 해당 된다. 아마도 과거시험 준비를 위해 이원정에게 『서전』, 『춘추』 등 의 서적들을 빌려 갔던 것으로 보인다. 이처럼 이원정의 장서는 주 변 친인척 자제들의 과거시험을 위한 자료가 되었고, 주변 지인들에게는 중국본 최신 자료를 접할 수 있는 기회를 제공하는 등 집안과 지역의 도서관과 같은 기능을 갖추고 있었다.

책을 빌려 간 대상을 그 사람의 실명이나 택호 또는 별칭 등으로 표기한 경우가 대부분이지만, '전주全州', '이천伊川', '충주忠州' 등의 지역명으로 표기한 사례도 있다(표 3). 지역명만 기록된 경우에는 해당 지역의 지방관아에서 서책을 가져가거나 빌려 갔음을 의미한다. 이를테면 전주부全州府 관아의 경우에는 이원정이 1657년 전주 판관全州判官, 1664년 전주부윤全州府尹으로 근무하였던 곳이다. 장서목록의 서책명 아래에 '전주에 가져가다全州往, 全州去' 등과 같은 표기가 있는 것으로 볼 때 당시 임소任所였던 전주 관아로 서책을 잠시 가져갔던 것으로 보인다.

〈표 3〉 이원정 장서목록에 지방관아·별소의 서책 출입을 표기한 경우

| 출입 지역 | | 출입 서책 |
|---|---|---|
| 지방 관아 | 전주全州 | 부계기문涪溪記聞, 관북기문關北記聞, 현곡집玄谷集 등 4종 |
| | 이천伊川 | 여지승람輿地勝覽, 삼운통고三韻通考, 한강집寒岡集 등 3종 |
| | 충주忠州 | 의학입문醫學入門 |
| | 성목星牧 | 강목綱目 |
| 별소 別所 | 상경上京 | 연행록초燕行錄草, 성산지星山志, 잡고雜稿, 선고先稿, 가승家乘 등 63종 |
| | 성서城西 | 주역언해周易諺解, 휘운彙韻, 시학대성詩學大成, 고문관주古文貫珠 등 5종 |

'이천'이라고 표기한 지역명은 강원도 이천현伊川縣 관아를 의미한다. 이곳은 1669년 이원정의 동생 이원록이 이천 현감伊川縣監에 제수되어 생활하였던 임소였다.[80] 이원록은 이천 현감 시절 이곳에서 노모를 모셨던 것으로 확인되며,[81] 이천 관아에서 근무하던 시절에 이원정으로부터 우리나라 지리서인『여지승람輿地勝覽』, 한자의 운을 분류하여 일정한 순서로 배열한『삼운통고三韻通考』, 한강 정구의 시문집인『한강집寒岡集』등 3종의 책을 빌려 갔던 것이다.

이원정 서책의 다양한 출입 기록 가운데 가장 많은 표기가 있었던 것은 '상경上京'이다. 이는 한양으로 서책을 가져갔음을 의미하는데, 이원정이 한양 거처에 가져갔던 서책은 모두 63종으로 확인된다. 한양으로 가져간 서책의 종류로는『연행록초燕行錄草』,『성산지초星山志草』,『잡고雜稿』등 자신의 저술류, 조부와 부친의『석담유고石潭遺稿』,『낙촌유고洛村遺稿』,『선부군행록先府君行錄』등 선조들의 유고류遺稿類,『광이성보廣李姓譜』,『가승家乘』,『원파실록源派實錄』등 집안의 가계 기록류,『임무갑계좌목壬戊甲契座目』,『무자사마방戊子司馬榜』등 자신의 과거 합격 관련 기록인 좌목·방목류 등으로 구분된다. 이는 이원정이 중앙 관직을 역임하는 과정에도『성산지』등 자신의 저술 활동을 계속 진행하였음을 의미하며, 또한 집안의 가계 내역과 선조들의 유고 정리 작업도 함께 진행하였음을 말해준다.

이 외에도 한양 거처에서 『제자품절諸子品節』, 『비급신서秘笈新書』, 『역조첩록歷朝捷錄』 등 중국본 서책, 『지부요람地部要覽』, 『지부요괄地部要括』, 『지부총람地部摠覽』 등 호조의 업무편람서, 『지봉집芝峯集』, 『율곡집栗谷集』, 『월사집月沙集』 등의 문집류, 『동의보감東醫寶鑑』, 『본초단방本草單方』, 『헌기정종軒岐正宗』 등의 의서류까지 다양한 종류의 서책이 '상경'되었다. 이들 서책의 성격으로 보았을 때 이원정은 직임을 수행할 당시 업무를 위한 참고 자료와 독서 및 일상생활을 위한 자료로 활용할 수 있는 책들을 가져갔던 것이다.

'성서城西'라고 표기한 사례도 5종 확인된다. 부친 이도장이 1642년 봄에 임시 거처인 '성서'로 옮겨 살다가 1644년 가을에 칠곡 매원으로 돌아왔다는 기록으로 볼 때 이곳은 광주이씨 집안의 별채였던 것으로 추정된다.[82] '성서'로 가져간 『주역언해周易諺解』, 『휘운彙韻』, 『시학대성詩學大成』, 『고문관주古文貫珠』 등 서책의 성격으로 볼 때 이곳에서 이원정의 자녀 중 누군가가 과거 공부를 하였던 것으로 짐작된다.

이원정의 사례에서 볼 수 있듯 장서목록은 자신의 장서를 철저히 관리하기 위한 목적으로 작성되었다. 장서목록은 소장 서책의 규모를 파악하게 해주는 기본적인 단서가 된다. 뿐만 아니라 장서의 출입과 이동에 따른 대출자의 관심과 당시의 처지, 더 나아가 소장자 및 대출자의 인적 관계망을 비롯하여 그들의 지적 기호와 지식체계를 가늠해 볼 수 있는 준거가 된다는 점에서 그 의미를 찾을 수 있다.

**3**

장서가는
어떤 기준으로
책을 분류했을까?

조선시대 장서가들은 자신의 학문적 관심과 사회적 지향에 따라 장서를 분류하고 장서목록을 작성하였다. 이 장에서는 임연재 배삼익(1534~1588), 동춘당 송준길(1606~1672), 서계 박세당(1629~1703), 귀암 이원정(1622~1680) 등 주요 인물들의 장서목록을 통해 그들이 서책을 분류한 기준과 방식을 살펴보고자 한다. 장서가들의 장서목록은 단순히 서책의 목록을 나열한 것이 아니라 각각의 분류 방식에 따라 작성된 목록이었다. 이들은 서책의 주제와 출처 및 개인의 생활 방식 등에 따라 장서를 분류하였다. 이러한 분류 방식에는 개인의 학문적 성향과 당대의 사회문화적 분위기가 반영되어 있다. 따라서 이들의 장서목록을 자세히 들여다보면 조선 지식인들의 독서 경향과 장서 문화의 일면을 이해할 수 있다.

## 배삼익, 경사자집經史子集을 응용하여 주제별로 분류하다

임연재 배삼익裵三益(1534~1588)은 16세기 문신이자 학자로 이황의 문하에서 수학하였다. 문과 급제 이후 성균관 대사성, 사간원 사간, 승정원 부승지 등 중앙 요직을 두루 거쳤던 인물이다. 책에 관심이 많았던 그는 내직으로 서적 및 출판 업무와 관련된 성균관, 홍문관, 춘추관에서 근무하였다. 이곳에서 책의 판각板刻과 인출印出, 장황裝潢 등 서책 간행 정보와 관련 지식을 쌓았고, 그 과정을 통해 서책의 가치를 분별하는 안목을 높였다. 배삼익의 장서목록을 살펴보면 그가 서책 판본의 감식 안목이 상당히 높았음을 확인할 수 있다.

홍해배씨 임연재 종가에 전해지는 그의 장서목록은 현재 한국국학진흥원에서 소장하고 있다.[83] 장서목록 표지에는 '책치부冊置簿'라는 자료명과 함께 '만력 14년'이 표기되어 있어 1586년부터 목록이 작성되었던 것으로 추정된다(그림 23). 해당 시기는 배삼익이 사망하기 2년 전이기에 배삼익에 의해 장서목록 작성이 시작되었고 이후에는 아들 배용길裵龍吉(1556~1609)이 추가하여 작성하였던 것으로 보인다.

배삼익의 장서목록 첫 페이지에는 '경사자집經史子集'에 대한 개념을 간단하게 기록하였다(그림 23 상단 우측). "경經은 육경六經과 같

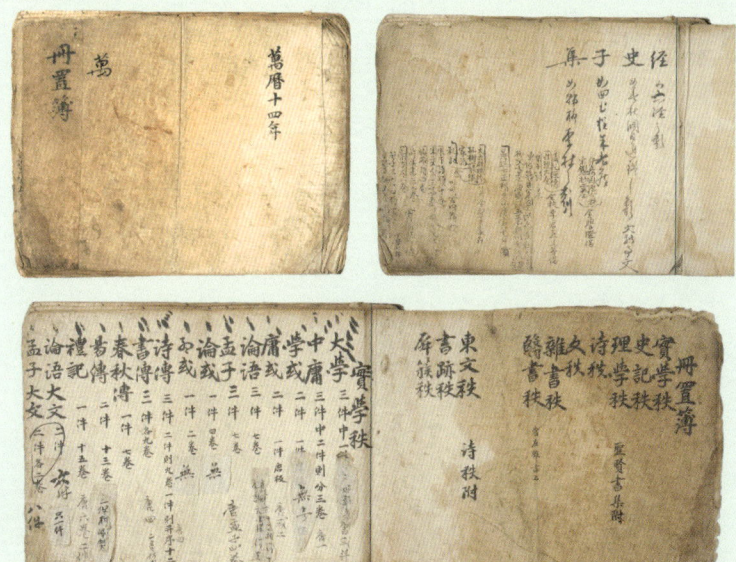

그림 23

1586년에 작성된 배삼익의 장서목록, 한국국학진흥원 소장, 흥해배씨 임연재종택 기탁

은 부류의 주제이고, 사史는 춘추春秋·강목綱目·통감通鑑과 같은 부류
의 주제로 '문헌文獻'과 '사문事文' 등이다."라고 써놓았다.[84] 또한 "자
子는 사서四書·정주程朱·노장老莊과 같은 부류의 주제이고, 집集은 한
유韓愈·유종원柳宗元·이백李白·두보杜甫와 같은 부류의 주제이다."라
고 적었다.[85] 경사자집에 대한 간단한 설명에 이어 자신의 장서목록
을 한눈에 볼 수 있도록 목차를 수록하였다. 목차에는 실학질實學秩,

사기질史記秩, 이학질理學秩, 시질詩秩, 문질文秩, 잡서질雜書秩, 의학질醫學秩, 동문질東文秩·시질詩秩, 서적법書跡法, 병족질屏簇秩 순으로 10개의 항목을 표기하였으나, 실제 본문에는 항목의 명칭과 순서에 조금 차이를 보인다. 본문에 수록된 항목과 서책을 소개하면 다음과 같다.

① 실학질實學秩(24종): 대학大學, 중용中庸, 대학혹문[學或], 중용혹문[庸或], 논어論語, 맹자孟子, 논어혹문[論或], 맹자혹문[孟或], 시전詩傳, 서전書傳, 춘추전春秋傳, 역전易傳, 예기禮記, 논어대문論語大文, 맹자대문孟子大文, 시대문詩大文, 서대문書大文, 역대문易大文, 회재대학보유晦齋大學補遺, 퇴계삼경석退溪三經釋, 주례전경周禮全經, 주례전의周易傳疑, 주역회통周易會通, 역학계몽易學啓蒙

② 사기질史記秩(36종): 발명강목發明綱目, 통감通鑑, 송감宋鑑, 사략史略, 당감唐鑑, 강목전오綱目鐫誤, 역대세보歷代世譜, 역대통감歷代通鑑, 역대송감歷代宋鑑, 좌전左傳, 곡량전穀梁傳, 전한서前漢書, 후한서後漢書, 명신언행록名臣言行錄, 충무록忠武錄, 근대명신언행록近代名臣言行錄, 황명명신언행

록皇明名臣言行錄, 고수부담孤樹裒談, 두씨통전杜氏通典, 황명
통기皇明通紀, 정충록精忠錄, 역대세년가歷代世年歌, 전한서
前漢書, 송사宋史, 사조선록使朝鮮錄, 한서초漢書抄, 사기초史
記抄, 사문유취事文類聚, 문헌통고文獻通考, 삼국지三國志, 우
언외사寓言外史, 금헌휘언今獻彙言, 춘추春秋, 통감석의通鑑
釋義, 국어國語, 전국책戰國策

③ 이학질理學袟(성현집부聖賢集附, 48종): 소학小學, 근사록近思
錄, 심경心經, 성리대전性理大全, 성리군서性理群書, 이락연원
伊洛淵源, 가례家禮, 가례의절家禮儀節, 이학통록理學通錄, 이
학편류理學編類, 성리자의性理字義, 홍범황극내편洪範皇極內
篇, 주자대전朱子大全, 주자어류朱子語類, 주자절요朱子節要,
대학연의大學衍義, 연평문답延平問答, 주자연보朱子年譜, 가
어家語, 공자통기孔子通紀, 이정수언二程粹言, 계몽익전啓蒙翼
傳, 회암문시초晦庵文詩抄, 회암시晦庵詩, 독서록讀書錄, 숙흥
야매잠夙興夜寐箴, 대학연의보大學衍義補, 용학통지庸學通旨,
언향약諺鄕約, 동몽수지童蒙須知, 자경편自警編, 성학십도聖學
十圖, 동래박의東萊博議, 학부통변學蔀通辨, 이단변정異端辨正,
율려주해律呂註解, 의례경전통해속儀禮經傳通解續, 의례경전

통해儀禮經傳通解, 주역본의周易本義, 이정전서二程全書, 의려
선생집醫閭先生集, 유향서劉向書, 주서질의朱書質疑, 정경政經,
노재전서魯齋全書, 노재심법魯齋心法, 동자습童子習, 고경중
마방古鏡重磨方

④ 시질詩秩(49종): 두시杜詩, 동파東坡, 산곡山谷, 간재집簡齋集,
선시選詩, 회암시晦庵詩, 남악창수南嶽唱酬, 십초시十抄詩, 북
경팔경北京八景, 향산삼체香山三體, 연금집聯錦集, 유산악부遺
山樂府, 연명집淵明集, 번천집樊川集, 맹호집孟浩集, 당음唐音,
당시절구唐詩絶句, 당시고취唐詩鼓吹, 연주시聯珠詩, 위소주집
韋蘇州集, 운부군옥韻府群玉, 운회韻會, 대광익회大廣益會, 예부
운禮部韻, 약운略韻, 시인옥설詩人玉屑, 언해절구諺解絶句, 염락
풍아濂洛風雅, 두율우주杜律虞註, 두율조주杜律趙註, 이백집李
白集, 백씨문집白氏文集, 반산정화半山精華, 의고악부擬古樂府,
삼운통고三韻通考, 범태사정선두시范太史精選杜詩, 목천금어
木天禁語, 시학대성詩學大成, 운학연해韻學淵海, 진한문종秦漢
文宗, 황명문장궤범皇明文章軌範, 문장비람文章備覽, 동파근체
東坡近體, 당송구법唐宋句法, 정절선생집靖節先生集, 전상천가
묘절시全相千家妙絶詩, 두율杜律, 풍소風騷, 학림청로鶴林淸露

⑤ 문질文秩(22종): 문선文選, 서산문장정종속西山文章正宗續, 속서산문장정종續西山文章正宗, 숭고문崇古文, 고문진보古文眞寶, 한문韓文, 유문柳文, 소문蘇文, 소문정종蘇文正宗, 왕형공집王荊公集, 문산집文山集, 경헌집敬軒集, 문장궤범文章軌範, 의려집醫閭集, 초사楚辭, 문선대책文選對策, 고부古賦, 한비유기韓碑柳記, 한문정종韓文正宗, 육선공집陸宣公集, 문한유선文翰類選, 역옹패설櫟翁稗說

⑥ 의학질醫學秩(31종): 동원십서東垣十書, 본초本草, 소문素問, 득효방得效方, 의학정전醫學正傳, 동인경銅人經, 신응경神應經, 부인대전婦人大全, 화제방和劑方, 의가필용醫家必用, 단계찬요丹溪纂要, 찬도纂圖, 수친양로서壽親養老書, 명의잡저明醫雜著, 구급방救急方, 촌가구급방村家救急方, 구선활인심방臞仙活人心方, 의안방醫眼方, 창진방瘡疹方, 어사벽온방御賜辟瘟方, 어사우마벽온방御賜牛馬辟瘟方, 맥경脈經, 의림집醫林集, 자생경資生經, 남건수진南乾袖珍, 의가필용醫家必用, 태산집胎産集, 직지결直指訣, 향약집성방鄕藥集成方, 의방편람醫方便覽, 영추경靈樞經

⑦ 잡서질雜書秩(34종): 육자전서六子全書, 박물지博物志, 대명률大明律, 전등신화剪燈新話, 필담筆談, 양산묵담兩山墨談, 지리서地理書, 곤지기困知記, 구소수간歐蘇手簡, 산학계몽算學啓蒙, 상명산법詳明算法, 양휘산법楊輝算法, 참동계參同契, 칠정산七政算, 성훈연聖訓演, 노자老子, 열자列子, 상택경相宅經, 용감수감龍龕手鑑, 육도六韜, 손자孫子, 장자莊子, 호생편好生編, 회남자淮南子, 조선부朝鮮賦, 무원록無冤錄, 역대군신도상歷代君臣圖像, 백장전百將傳, 정충록精忠錄, 오자吳子, 복서전서卜筮全書, 문중자文中子, 양자楊子, 초역焦易

⑧ 동방문질東方文秩(집부集附, 23종): 속동문선續東文選, 목은집牧隱集, 가정집稼亭集, 추강집秋江集, 이요정집二樂亭集, 모재집慕齋集, 유선록儒先錄, 점필재집佔畢齋集, 회재집晦齋集, 죽계지竹溪誌, 속몽구續蒙求, 동문수東文粹, 매월당梅月堂, 함종세고咸從世稿, 우공주의이문병于公奏議吏文幷, 수헌집睡軒集, 성선생成先生, 필원잡담筆苑雜談, 동문선계東文選啓, 성대곡집成大谷集, 퇴계선생집退溪先生集, 학봉집鶴峯集, 동문선東文選

⑨ 동시질東詩秩(23종): 허백당집虛白堂集, 어제시御製詩, 금계집錦溪集, 유송도록遊松都錄, 둔촌시집遁村詩集, 지지당집止止堂集, 사우정집四雨亭集, 포은집圃隱集, 야은행록冶隱行錄, 허암집虛庵集, 매월당 내사梅月堂 內賜, 화담집花潭集, 석천집石川集, 읍취헌挹翠軒, 망헌집忘軒集, 유두유록遊頭流錄, 송재집松齋集, 도산잡영陶山雜詠, 자성록自省錄, 매화첩梅花帖, 진산세고晉山世稿, 송도록松都錄, 동문東文

⑩ 동잡서질東雜書秩(49종): 속삼강행실續三綱行實, 이륜행실二倫行實, 효행록孝行錄, 봉선잡의奉先雜儀, 성학십도聖學十圖, 회재연보晦齋年譜, 이학통록理學通錄, 역대요록歷代要錄, 시향도時享圖, 관동일록關東日錄, 쇄록瑣錄, 천명도설天命圖說, 이존록彝尊錄, 대전大典, 대전주해大典註解, 후속록後續錄, 역대세년가歷代世年歌, 청파집靑坡集, 용재총화慵齋叢話, 진설陣說, 진설 내사陣書 內賜, 표해록漂海錄, 구황촬요救荒撮要, 몽훈蒙訓, 기묘당적己卯黨籍, 오례의五禮儀, 삼국유사三國遺事, 등과록登科錄, 야은행록冶隱行錄, 고려사高麗史, 경민편警民編, 농암주례聾岩酒醴, 질정록質正錄, 동국명환록東國名宦錄, 동국통감東國通鑑, 경현록景賢錄, 천가묘절시千家妙絶詩,

사송유취詞訟類聚, 양잠경養蠶經, 시설詩說, 삼국사三國史, 고
사통략古史通略, 기재기이企齋記異, 농사직설農事直設, 족보
族譜, 추강록秋江錄, 교열의주敎閱儀注, 세계록世契錄, 해동야
언海東野言

⑪ 서법書法(23종): 왕우군법첩王右軍法帖, 김생서金生書, 퇴계
서退溪書, 해동명적海東名跡, 난정蘭亭, 대적벽大赤壁, 십칠첩
十七帖, 소적벽小赤壁, 백사서白沙書, 설암첩雪庵帖, 서명西銘,
회암서법晦庵書法, 진법晉法, 증도가證道歌, 금강경金剛經, 서
법書法, 석봉서법石峯書法, 성묘서법成廟書法, 이행촌서법李
杏村書法, 춘종첩春種帖, 진서陳書, 동로서법東老書法, 안평서
법安平書法

이상의 11개 항목은 배삼익이 제시한 경사자집의 개념에 따라 정
확하게 사부로 분류된 것은 아니다. 다만 사부의 개념을 중심으로
항목을 일부 변경했고, 경부·사부·자부·집부 등의 명칭 대신 자신이
구분한 독자적인 명칭을 사용하였다. 사서삼경 등의 경부에 해당되
는 항목에는 당시의 가장 실질적인 학문의 의미로 '실학질實學秩'이
라고 하였고, 역사서가 수록되는 사부 항목에는 역사 기록의 의미

로 '사기질史記秩'이라는 명칭을 사용하였다. 자부에 해당되는 항목에는 유가류儒家類 서책이 수록된 '이학질理學秩', 의서가 수록된 '의학질醫學秩', 기타 다양한 주제의 중국 저술서가 수록된 '잡서질雜書秩', 우리나라 편저류 서책인 '동방잡서질東方雜書秩', 예술류 서책인 '서법書法' 등의 명칭을 사용하였다. 집부에 해당되는 문학류 등의 항목에는 중국 저술류인 '시질詩秩'과 '문질文秩', 우리나라 저술류인 '동문질東文秩'과 '동시질東詩秩' 등의 명칭으로 표기하였다.

**〈표 4〉** 1586년 배삼익의 주제별 서책 분류 방식

| 항목 | | 해당 주제 | | | | 종수 | 비중 |
|---|---|---|---|---|---|---|---|
| | | 경 | 사 | 자 | 집 | | |
| 중국 저술류 | 실학질實學秩 | ○ | | | | 24종 | 6.6% |
| | 사기질史記秩 | | ○ | | | 36종 | 9.9% |
| | 이학질理學秩 | | | ○ | | 48종 | 13.3% |
| | 시질詩秩 | | | | ○ | 49종 | 13.5% |
| | 문질文秩 | | | | ○ | 22종 | 6.1% |
| | 의학질醫學秩 | | | ○ | | 31종 | 8.6% |
| | 잡서질雜書秩 | | | ○ | | 34종 | 9.4% |
| 우리나라 저술류 | 동방東方 문질文秩 | | | | ○ | 23종 | 6.4% |
| | 동방東方 시질詩秩 | | | | ○ | 23종 | 6.4% |
| | 동방東方 잡서질雜書秩 | | ○ | ○ | | 49종 | 13.5% |
| 역대명필류 | 서법書法 | | | ○ | | 23종 | 6.4% |
| 합계 | | | | | | 362종 | 100% |

16세기 후반 배삼익이 소장하였던 장서는 362종으로 확인되며, 그 가운데 유가류에 해당되는 '이학질', 시문집에 해당되는 '시질', 우리나라 저술류 자부에 해당되는 '동방잡서질'이 가장 많은 비중을 차지하였다(표 4).

　이와 같은 배삼익의 주제별 분류 방식은 그의 6대손 배집裵緝 (1710~1755)의 장서목록에도 계승되었다. 배집은 배삼익이 11개로 나눈 분류 방식보다 더욱 세분화된 방식으로 분류하였다. 배집의 장서목록『외암비장畏巖秘藏』에 수록된 분류 항목과 서책 종류를 살펴보면, ①경질經秩(32종) ②사질史秩(45종) ③이학질理學秩(45종) ④악서질樂書秩(3종) ⑤자문질子文秩(41종) ⑥집시集詩(42종) ⑦운서질韻書秩(8종) ⑧자서질字書秩(5종) ⑨의서질醫書秩(38종) ⑩천문서天文書(7종) ⑪지리서地理書(2종) ⑫산서算書(3종) ⑬점서占書(4종) ⑭역서曆書(8종) ⑮병서兵書(14종) ⑯상서相書(2종) ⑰농서農書(3종) ⑱잡서雜書(14종) ⑲도서圖書(3종) ⑳동문질東文秩(37종) ㉑동시질東詩秩(28종) ㉒동사질東史秩(9종) ㉓동이학질東理學秩(10종) ㉔[동]잡서질雜書秩(20종) ㉕서적질書跡秩(36종) ㉖가장家藏(25종) ㉗잡부雜部(4종) ㉘신책新冊(10종) ㉙유실遺失(61종) 등 총 29개 항목으로 분류가 이루어졌다.

| 구분 | 16세기<br>배삼익 분류 항목 | 18세기<br>배집 분류 항목 |
|---|---|---|
| 중국<br>저술류 | 실학질實學秩 | 경질經秩 |
| | 사기질史記秩 | 사질史秩 |
| | 이학질理學秩 | 이학질理學秩, 악서질樂書秩 |
| 중국<br>저술류 | 문질文秩, 시질詩秩 | 자문질子文秩, 집시集詩, 운서질韻書秩, 자서질字書秩 |
| | 의학질醫學秩 | 의서질醫書秩 |
| | 잡서질雜書秩 | 천문서天文書, 지리서地理書, 산서算書, 점서占書, 역서曆書,<br>병서兵書, 상서相書, 농서農書, 잡서雜書, 도서圖書 |
| 우리나라<br>저술류 | 동방문질東方文秩 | 동문질東文秩 |
| | 동시질東詩秩 | 동시질東詩秩 |
| | 동잡서질東雜書秩 | 동사질東史秩, 동이학질東理學秩, 잡서질雜書秩 |
| 역대<br>명필류 | 서법書法 | 서적질書跡秩 |
| 추가된<br>항목 | – | 가장家藏, 잡부雜部, 신책新冊, 유실遺失 |
| 항목수 | 11개 | 29개 |
| 서책수 | 362종 | 559종 |

배삼익 장서목록의 시문류에 해당되는 문질과 시질 등 2개 항목은 배집의 장서목록에서 자문질·집시·운서질·자서질 등 4개의 항목으로 세분되었다. 또 배삼익이 자부에 해당되는 여러 주제의 서책을 잡서질 1개 항목에 모두 수록했던 반면, 배집은 천문서·지리서·산서·점서·역서·병서·상서·농서·잡서·도서 등 10개의 항목으로 세분

화하였다. 또 배삼익이 우리나라 인물의 저술류 가운데 사부와 자부에 해당되는 서책을 동잡서질 1개 항목에 포함시킨 반면, 배집은 동사질·동이학질·(동)잡서질 등 3개 항목으로 구분하였다. 배집이 소장하였던 18세기 서책은 배삼익이 살았던 16세기의 서책보다 더욱 다양한 주제로 저술·간행되었고, 장서량 역시 크게 증가하였다. 이에 따라 배집은 배삼익의 분류 방식을 큰 뼈대로 유지하면서도 보다 다양한 주제로 세분화하여 29개의 분류 항목으로 대폭 늘렸던 것이다.

배삼익·배용길 부자가 장서를 보관하였던 임연재 종가의 장서는 광복을 전후한 시기에 분실되기 시작하여 전국의 도서관 및 개인 장서가의 수중에 들어갔다. 종택을 송천동으로 옮긴 이후에도 소장본의 상당수가 도난당해 개인 장서가에게 넘겨졌다. 도난을 면한 일부 소장본들은 한국국학진흥원에 기탁되어 전해지고 있으며, 그 중 하나가 배삼익과 배집의 장서목록인『책치부』와『외암비장』이다. 다행히도 배삼익·배용길 부자는 당시 자신의 장서에 장서인을 날인해 두었다. 따라서 이들의 장서가 세월의 부침을 겪으며 여러 곳으로 분산되었지만, 날인된 장서인을 근거로 각 기관에 분산 소장되어 있는 서책을 이들의 장서로 쉽게 판명할 수 있다. 실물에 찍혀있는 이들의 장서인을 확인한 결과 이들 부자의 장서는 고려대, 동국대, 충남대, 계명대, 국립중앙도서관, 한국학중앙연구원 등의 기관으로 분산되어 있는 것으로 확인된다. 특히 고려대 소장본이 가장 많은 비중을 차지하고 있으며, 고려대 내부에서도 만송문고(95종), 석주문고(3종), 아세아문제연구소(3종), 화산문고(1종) 등으로 분산되어 있다.[86]

조선시대의 문인들이 장서를 구축하고 이를 관리하기 위해 장서목록을 작성하고 자신의 서책에 장서인을 찍어둔 것은 일종의 문화적 행위이다. 자신의 수양의 도구로 또는 지적 욕구로 구입한 장서를 가까운 지인에게 빌려주고 후손에게 전해준 행위는 지식과 정보를 체화하고 이를 공유하고자 했던 지식인들의 장서 문화였다. 배삼익·배용길의 장서 문화에서 눈여겨 볼 점이 있다. 지금은 여러 곳으로 흩어져 있는 그들의 장서를 복원하는 데 필수적인 세 요소인 장서 실물, 장서목록, 장서인이 갖추어져 있다는 점이다. 16세기 장서가와 그들이 소장했던 장서를 고려할 때 이 세 가지 요소를 확인할 수 있는 유일한 사례라는 점에서 조선의 장서가와 장서문화 연구에 시사하는 바가 크다 하겠다.

# 송준길, 서책 입수 출처에 따라 분류하다

송준길宋浚吉(1606~1672)은 조선 중기의 대표적인 유학자이자 예학과 경세치용에 깊은 관심을 가졌던 인물이다. 서인의 중심인물로 활약했던 정치가이기도 하다. 학문적으로는 율곡 이이의 학통을 계승하며 김장생金長生 문하에서 공부하였고, 퇴계 학맥인 정경세鄭經世(1563~1633)의 둘째 사위가 되었던 인물이다. 그는 퇴계학파를 이은 정경세를 장인이자 스승으로 모시며 퇴계 이황을 평생 스승으로 삼았다. 그가 기호학파와 영남학파의 양 학파를 모두 받아들였던 인물로 평가된다는 점에서 송준길이 소장했던 장서는 어떤 성격을 갖는지 궁금해진다. 이제 그의 장서가 어떤 구성을 보이는지, 또한 어떤 분류 방식을 취했는지 검토함으로써 그의 장서 성격을 살펴보겠다.

송준길은 자신의 장서를 정리하며 장서목록을 작성해 두었다. 현재 전해지는 『가장서적부家藏書籍簿』가 그의 장서목록이다(그림 24).[87] 본문은 빈 종이를 제외하면 전체 17장으로 구성되어 있고, 한 면에 6행을 원칙으로 큰 글자의 해서체로 정갈하게 기록하였다. 전체적으로 한 단을 원칙으로 기재하고 공간이 부족한 경우에는 해당 항목의 앞부분으로 돌아와 아랫단까지 기재하였고, 마지막 '서첩질書帖秩'의 경우에만 3단으로 나눠 행·초서로 적었다. 송준길의 장서목록에는 5개 항목으로 분류하여 장서를 수록했는데, 항목별 서책을 살펴보면 다음과 같다.

① 내사질內賜秩(28종): 주역周易, 시전詩傳, 서전書傳, 춘추春秋, 논어論語, 맹자孟子, 중용中庸, 대학大學, 소학小學, 소학언해小學諺解, 의례儀禮, 어류語類, 자경편自警編, 명신언행록名臣言行錄, 문선文選, 주서절요朱書節要, 운회韻會, 효경孝經, 효경언해孝經諺解, 영규율수瀛奎律髓, 경민편警民編, 통감通鑑, 속강목續綱目, 동국통감東國通鑑, 의학정전醫學正傳, 훈몽자회訓蒙字會, 소학小學, 내훈內訓

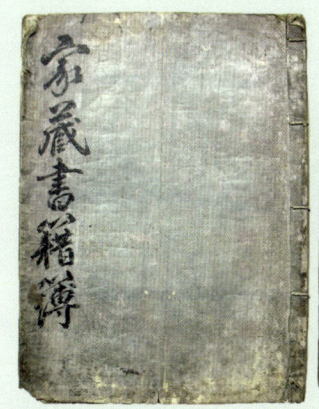
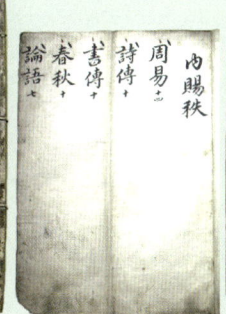
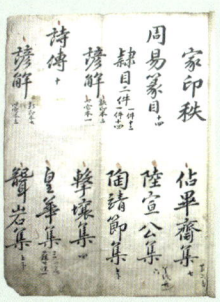

**그림 24**
1668년에 작성된 송준길의 장서목록, 대전시립박물관 소장

② 가인질家印秩(237종): 주역周易(篆目), 주역周易(隷目), 주역언해周易諺解, 시전詩傳, 시전언해詩傳諺解, 서전書傳, 서전언해書傳諺解, 예기禮記, 춘추春秋, 사전춘추四傳春秋, 주자대전朱子大全, 맹자孟子, 논어論語, 중용中庸, 대학大學, 맹자언해[孟解], 논어언해[論解], 중용언해[庸解], 대학언해[學解], 맹자혹문[孟或], 중용혹문[庸或], 대학혹문[學或], 속학혹續學或, 학집람學集覽, 경서변의經書辨疑, 역정문易正文, 시정문詩正文, 서정문書正文, 맹정문孟正文, 소학小學, 소학小學, 소학언해小學諺解, 중용구경연의[中庸九衍], 대학연의大學衍義, 대학연의보大學衍義補, 성리대전性理大全, 이아주소爾雅註疏, 주례훈준周禮訓雋, 성학집요聖學輯要, 송명신언행록宋名臣言行錄, 주서절요朱書節要, 주서기의朱書記疑, 오례의五禮儀, 효경대전孝經大全, 효경언해孝經諺解, 효경孝經, 청구풍아靑丘風雅, 사성통해四聲通解, 문장궤범[文章範軌], 가어家語, 심경心經, 심경발휘心經發揮, 심경석의心經釋疑, 근사록近思錄, 근사록석의近思錄釋疑, 의례경전통해속儀禮經傳通解續, 의례도儀禮圖, 의례상복도식儀禮喪服圖式, 연평답문延平答問, 가례家禮, 가례고증家禮考證, 가례집람家禮集覽, 가례언해家禮諺解, 상례비요喪禮備要, 상제문답喪祭問答, 의례문해疑禮問解, 오복연혁도五服沿革圖, 오선생예

128

설五先生禮說, 남화경南華經, 오륜전비기五倫全備記, 역학도설易學圖說, 계사繫辭, 계몽啓蒙, 계몽전의啓蒙傳疑, 강목綱目, 감강회요鑑綱會要, 송감宋鑑, 속강목속강목續綱目, 속강목續綱目(唐本), 통감通鑑, 사략史略, 역대사략초歷代史略抄, 사한일통史漢一統, 한사초漢史抄, 고문진보古文眞寶, 천고문란千古文瀾, 구문歐文, 주문작해朱文酌海, 역학계몽易學啓蒙, 운회韻會, 삼운통고三韻通考, 고사촬요攷事撮要, 어록해語錄解, 참동계參同契, 참동계해參同契解, 참동계통진의參同契通眞義, 회결추해鄒訣鄒解, 경민편警民編, 산학계몽算學啓蒙, 유원총보類苑叢寶, 예원신편藝苑新編, 대전大典, 대명률大明律, 초사楚辭, 두시해杜詩解, 당음唐音, 당시唐詩, 파옹시坡翁詩, 시학지남詩學指南, 이백대전李白大全, 두율杜律, 정언묘선精言妙選, 시학전서詩學全書, 동의보감東醫寶鑑, 의학입문醫學入門, 의림촬요醫林撮要, 만병회춘萬病回春, 본초本草, 언해두창방諺解痘瘡方, 언해구급방諺解救急方, 벽온방辟瘟方, 수양총서壽養叢書, 양생월람養生月覽, 용재집容齋集, 경정집敬亭集, 계곡집谿谷集, 백사집白沙集, 구원집九畹集, 수몽집守夢集, 서경집西坰集, 탁영집濯纓集, 고봉집高峰集, 양포고楊浦稿, 상촌집象村集, 목은집牧隱集, 지천집芝川集, 북창집北窓集, 야은집冶隱集, 구암집龜岩集, 구봉집龜峰集,

청송집聽松集, 덕계집德溪集, 상유집桑楡集, 우복집愚伏集, 한

강집寒岡集, 눌재강수고訥齋江叟稿, 소암집疎庵集, 파한집破閑

集, 백록아호고白麓丫湖稿, 동은집峒隱集, 죽유집竹牖集, 총계

집叢桂集, 수은집睡隱集, 읍취집挹翠集, 대곡집大谷集, 사암집

思庵集, 회재집晦齋集, 남명집南冥集, 입암집立岩集, 선원유고

仙源遺稿, 이곡집耳谷集, 동계집桐溪集, 백주집白洲集, 만취집晚

翠集, 충암집沖菴集, 보한재집保閑齋集, 가정집稼亭集, 점필재

집佔畢齋集, 육선공집陸宣公集, 도정절집陶靖節集, 격양집擊壤

集, 황화집皇華集, 농암집聾岩集, 염락풍아濂洛風雅, 계원필경

桂苑筆耕, 이정전서二程全書, 퇴계연보退溪年譜, 율곡연보栗谷

年譜, 우계연보牛溪年譜, 율보부록栗譜附錄, 율우보부록栗牛譜

附錄, 사송록詞訟錄, 대명회전大明會典, 항의신편抗義新編, 역

강규易講規, 성학십도聖學十圖, 이학유편理學類編, 구황촬요救

荒撮要, 난설헌집蘭雪軒集, 휘승시徽僧詩, 매월당사유록梅月堂

四遊錄, 공자통기孔子通記, 박통사朴通事, 정속편正俗篇, 서정

록西征錄, 온양배종록溫陽陪從錄, 단양지丹陽誌, 무이지武夷誌,

죽계지竹溪誌, 숙흥야매잠夙興夜寐箴, 천지만물조화론天地萬

物造化論, 농가집성農家集成, 농가직설農事直說, 천조기행록天

朝紀行錄, 황석공소서黃石公素書, 진주서사晉州敍事, 유연전柳

淵傳, 봉선잡의奉先雜儀, 정축록丁丑錄, 경현록景賢錄, 일성록
日省錄, 동자습童子習, 당률광선唐律廣選, 기묘록己卯錄, 격몽
요결擊蒙要訣, 율곡실기栗谷實紀, 비록秘錄, 전운篆韻, 전운편
람篆韻便覽, 전대학篆大學, 동환봉사東還封事, 내훈內訓, 황명
기략皇明紀略, 당시고취唐詩鼓吹, 동래박의東萊博議, 전천자篆
千字, 한석봉천자韓石峯千字, 자암천자自庵千字, 황명이학명신
언행록皇明理學名臣言行錄, 동사東史, 율곡집栗谷集, 훈몽자회
訓蒙字會, 은진송씨보恩津宋氏譜, 여산송씨보礪山宋氏譜, 곡산
연씨보谷山延氏譜, 장의공자보章懿公子譜, 기보통편紀譜通編

③ 차래질借來秩(4종): 문헌통고文獻通考, 강목綱目, 동사찬요東
史纂要, 의학입문醫學入門

④ 불질류不秩類(20종): 서전書傳, 시전詩傳, 소학小學, 소학언
해小學諺解, 맹자언해孟子諺解, 퇴계집退溪集, 낙정집樂靜集,
율곡집栗谷集, 좌전左傳, 황명십대가皇明十大家, 후산집後山
集, 유주집柳州集, 구양집歐陽集, 명세문종名世文宗, 사문유취
事文類抄聚], 고금의감古今醫鑒, 초당집草堂集, 의림촬요醫林撮
要, 소문素問, 통감通鑑

⑤ 서첩 질書帖秩(108종): 동서당집東書堂集, 희홍당서법戲鴻堂書法, 비해증도가匪懈證道歌, 부용당기芙蓉堂記, 자암필적自菴筆蹟, 낙화유수落花流水, 정찬성묘지첩鄭贊成墓誌帖, 김생서金生書, 성선양묘어필成宣兩廟御筆, 선묘어필宣廟御筆, 금상어필今上御筆, 조자앙적벽부趙子昻赤壁賦, 동파필東坡筆, 공북루기拱北樓記, 양봉래서첩楊蓬萊書帖, 춘종春種, 위부인서衛夫人書, 오류첩五柳帖, 주덕송酒德頌, 하서첩河西帖, 고산소년첩孤山小年帖, 우군십칠첩右軍十七帖, 해동명적海東名跡, 고산초孤山草, 교산석본橋山石本, 금강경金剛經, 오흥吳興, 우군백운첩右軍百韻帖, 석봉대당중흥송石峯[大唐中興]頌, 안노공중흥송顔魯公中興頌, 석봉초려시서石峯草廬詩序, 우계선생비牛溪先生碑, 충효절의忠孝節義, 선고갈先考碣, 태극음양절기도太極陰陽節氣圖, 소씨은연도蘇氏恩讌圖, 자암초서自庵草書, 서총대경회도瑞蔥臺慶會圖, 학당갈學堂碣, 박사간비朴司諫碑, 정문비旌門碑, 이충숙비李忠肅碑, 왕고소갈후면王考小碣後面, 중국역대도中國歷代圖, 속리비俗離碑, 관동갈寬洞碣, 중봉비重峯碑, 구감찰갈具監察碣, 완원비完院碑, 수찰시갈綉察詩碣, 이대간비李大諫碑, 어해魚蟹, 여장군비呂將軍碑, 왕고소표대자王考小表大字, 사계선생비沙溪先生碑, 사계선생묘표沙溪先生墓表, 규암

132

필圭庵筆, 광주교기光州校記, 김명국화金命國畵, 대對, 왕고갈
王考碣, 신독비愼獨碑, 풍정비豊定碑, 계담桂潭, 수옹갈睡翁碣,
권충언비權忠言碑, 지평조비갈持平祖妣碣, 정문전면旌門前面,
수옹소표睡翁小表, 노비蘆碑, 이평산갈대자李平山碣大字, 선
고묘갈전면先考墓碣前面, 신풍묘표新豊墓表, 정참의갈鄭參議
碣, 대성전大成殿, 거정갈居正碣, 황강비黃岡碑, 충암비冲庵碑,
청천갈菁川碣, 윤동성갈尹同成碣, 한청평비韓淸平碑, 김양성
갈金陽城碣, 귀천비龜川碑, 천곡비泉谷碑, 대곡갈大谷碣, 능성
비陵城碑, 시민당야대도時敏堂夜對圖, 충렬사忠烈祠, 박승지
갈대자朴承旨碣大字, 병오영접제명록丙午迎接題名錄, 병오영
접도丙午迎接圖, 구승지묘표대자具承旨墓表大字, 어필御筆, 순
의비음기殉義碑陰記, 동지도東地圖, 고산필孤山筆, 허씨갈許氏
碣, 가례시계회도嘉禮時契會圖, 천사시계회도天使時契會圖, 목
사선조갈牧使先祖碣, 홍감사갈洪監司碣, 청송필聽松筆, 한강
비寒岡碑, 선고소표팔분대자先考小表八分大字, 송정자갈宋正
字碣, 남원김진사갈南原金進士碣, 백로白鷺, 자고鷓鴣

송준길은 자신의 장서를 크게 내사질內賜秩, 가인질家印秩, 차래질
借來秩, 불질류不秩類, 서첩질書帖秩 등 5개의 항목으로 분류하였다.

그 가운데 내사질, 가인질, 차래질은 송준길이 처음부터 설정한 분류 항목이었던 반면, 불질류와 서첩질은 이후 추가된 항목으로 판단된다. 불질류는 책 수 표기 방식이 다른 항목과 다르다.[88] 서첩질도 기존의 2단이 아닌 3단으로 기재하였고, 다른 항목에 썼던 서체와 달리 행초서로 작성하였다. 따라서 둘 다 추가 항목으로 판단된다.

이상의 항목 가운데 추가된 불질류와 서첩질을 제외하면 송준길의 장서 분류에 있어 중요한 항목은 내사질, 가인질, 차래질 등 3개의 항목이다. 이는 서책의 입수 출처 또는 보관해 온 현상을 기준으로 분류한 것이다. 첫 번째 항목인 내사질은 국왕으로부터 하사받은 내사본의 목록으로 총 28종이 수록되어 있다. 송준길은 소장 서책 중 내사본을 가장 중요하게 여겼으므로 첫 번째 항목으로 설정하였다.

두 번째 항목인 가인질에는 모두 237종의 서책이 수록되어 있어 장서목록에 수록된 항목 중 가장 많은 비중을 차지한다. 가인질은 차래질과 구분되는 개념으로 사용하였다. '차래질'이 외부에서 빌려 온 서책이라는 뜻이고, '가인질'은 우리 집안 내부에 소장해 오던 서책이라는 뜻이다. 가인질의 '가家'자는 집안 소장본이라는 의미이고, '인印'자는 인쇄된 서책을 의미하거나 집안의 장서인이 날인된 서책을 뜻하는 것으로 짐작된다. 가인질에 수록된 서책을 살펴보면 인본印本과 함께 사본寫本도 포함되어 있다. '인'자가 어떤 의미인지는 명확하지 않다. 다만 송준길이 자신의 서책에 장서인을 날인한 것이 여러 실물 자료를 통해 확인된다.[89] 따라서 장서인을 찍은 서책이라는 의미로 해석하는 것이 타당할 듯하다.

세 번째 항목은 차래질이다. 글자 그대로 외부에서 빌려 온 서책 항목을 뜻하며 총 4종을 수록하였다.

**〈표 6〉** 1668~1670년 송준길의 입수 출처별 분류 항목

| 구분 | 항목 | 종수 | 비중 | 입수 출처 |
|---|---|---|---|---|
| 입수 출처 중심 항목 | 내사질內賜秩 | 28종 | 7.1% | 국왕으로부터 하사받은 서책 |
| | 가인질家印秩 | 237종 | 59.7% | 집안 소장 서책 |
| | 차래질借來秩 | 4종 | 1.0% | 외부로부터 빌려 온 서책 |
| 추가 항목 | 불질류不秩類 | 20종 | 5.0% | 완질본이 아닌 낙질본 |
| | 서첩질書帖秩 | 108종 | 27.2% | 법서法書·필적筆跡 등 |
| 합계 | | 397종 | 100% | |

이상 세 항목 가운데 가인질에 수록된 서책이 전체의 약 60%를 차지할 정도로 비중이 높고, 차래질은 전체 1% 정도로 얼마 되지 않는다. 그럼에도 불구하고 송준길은 임금의 내사본(내사질), 집안 소장본(가인질), 외부 대여본(차래질) 등 서책의 출처와 경로를 기준으로 항목을 구성하였고, 각각의 항목에 수록된 서책의 순서는 경사자집經史子集과 같은 주제별 순서를 적용하여 기술하였다.

송준길이 자신의 장서목록『가장서적부』를 언제 작성했는지 별
도로 표기하지 않았지만, 그 작성 시기를 대략 유추해 볼 수 있다.[90]
첫째로 송준길의 문집『동춘당집』은 1687년경에 간행되었던 것으
로 알려지는데, 장서목록에는『동춘당집』이 수록되어 있지 않다.
따라서 장서목록은 1687년 이전에 작성된 것임을 알 수 있다. 둘째
로 동춘당 후손가에 전래되어 온 현존 고서 가운데 송준길의 장서
인이 찍힌 고서는 장서목록에 수록되어 있는 반면, 가전 장서 관리
를 계승한 그의 차손 송병하宋炳夏(1646~1697)의 장서인이 찍힌 고
서는 수록되지 않았다. 이는 송준길이 작고한 1672년 이전에 장서
목록이 작성되었음을 알려준다. 셋째로 송준길 내사본 실물 4종 가
운데 1658년부터 1666년 사이에 하사받은 내사본 3종은 장서목록
에 수록된 반면, 1670년 내사본은 수록되지 않았다. 따라서 장서목
록 작성 시기는 1670년 이전으로 더 좁혀진다. 넷째로 장서목록에
수록된 문집류는 모두 송준길이 살아있을 당시에 간행된 것으로 확
인된다. 수록된 문집류 가운데 가장 늦게 간행된 서책이 1668년에
간행된『탁영집濯纓集』과『죽유집竹牖集』이다. 따라서 송준길이 장서
목록을 작성한 시기의 상한선을 1668년 이후로 볼 수 있다. 이런 여
러 조건을 고려하여 종합해 볼 때 그가『가장서적부』라는 장서목록
을 작성한 시기는 1668년부터 1670년 사이였던 것으로 추정된다.

### 〈표 7〉『가장서적부』 글씨와 송준길 글씨 비교[91]

| | 가장서적부<br>家藏書籍簿 | 송준길 필적 | | |
|---|---|---|---|---|
| | | A | B | C |
| 당堂 | 堂 | 堂 | | |
| 은恩 | 恩 | 恩 | | |
| 자子 | 子 | 子 | | |
| 선選 | 選 | | 選 | |
| 고高 | 髙 | | 髙 | |
| 기紀 | 紀 | | 紀 | |
| 효孝 | 孝 | | 孝 | |
| 공公 | 公 | | 公 | |
| 경警 | 警 | | | 譽 |
| 자自 | 自 | | | 自 |
| 학學 | 學 | | | 學 |
| 석石 | 石 | | | 石 |

(A) 宋浚吉, 〈同春筆蹟〉, 현종 연간, 대전시립박물관 소장
(B) 宋浚吉, 〈閔機神道碑銘帖〉, 1669년, 학고재 소장
(C) 宋浚吉, 〈同春筆蹟〉, 17세기, 진주정씨 우복종택 소장

또한『가장서적부』를 송준길이 직접 작성했는지 확인하기 위해 기존에 알려진 송준길의 글씨와『가장서적부』의 글씨를 서로 비교해 보았다. 그 결과 〈표 7〉에서 보는 바와 같이 글자를 구성하는 방식에 있어 유사성이 높음을 발견할 수 있다. 특히 '당堂'과 '선選'자는 한 사람이 썼다고 해도 무방할 정도로 붓놀림이나 글자의 구성이 매우 흡사하다. 글씨 쓴 사람의 개성이 잘 드러나는 행초 서체에서 이와 같은 유사성을 보인다는 것은『가장서적부』를 작성한 이가 바로 송준길임을 대변해준다.

송준길은 자신의 장서목록을 작성하기 약 40년 전인 1631년에 처가인 상주에 머물며 장인 정경세와『주서朱書』를 강독하기도 하였고, 나이 든 장인을 위해 정경세의 장서를 점검하고 그를 대신하여 장서목록을 작성하였다.[92] 이때 작성하였던 장서목록 실물이 진주정씨 우복종가에 전해지고 있다. 표지에는 "서책록書冊錄"이라는 제목이 적혀 있다. 첫째 면은 "서책치부書冊置簿 신미윤십일월辛未閏十一月"로 시작되는데 이는 신미년에 해당 장서목록을 작성하기 시작하였다는 의미이다. 즉, 1631년(인조 9) 윤 11월에 작성되었던 것이다. 또한 본문의 중간 부분에 붙어있는 첨지籤紙에는 "이곳의 앞부분은 동춘당同春堂이 직접 썼고, 뒷부분은 환성재喚惺齋가 직접 썼다."라는 기록이 있다.[93] 이는 1631년에 작성하기

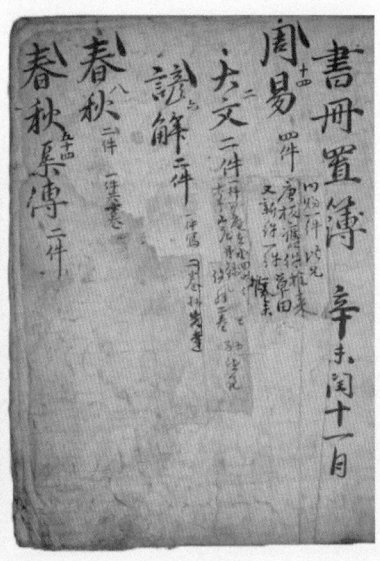

**그림 25**

1631년에 송준길이 전반부를 작성한 정경세 장서목록, 진주정씨 우복종가 소장

시작한 정경세의 장서목록 『서책록』의 앞부분은 송준길의 필체이고, 뒷부분은 정경세의 증손 정석교鄭錫僑(1646~1700)가 작성했음을 알려준다.

송준길은 1631년에 장인 정경세의 장서를 점검하고 장서목록을 작성하였던 경험을 바탕으로 이후 자신의 장서목록을 작성하였다. 송준길은 정경세의 장서목록을 작성할 때에는 별도의 분류나 항목 구분 없이 서명을 단순 나열하였던 반면, 자신의 장서목록은 3개 항목으로 분류하고 이후 추가하여 전체 5개 항목으로 구분하였다. 이는 송준길이 자신의 장서에 대한 구축 배경과 입수 경로를 자세히 알고 있었기 때문에 임금의 내사본, 집안 소장본, 외부 대여본 등과 같은 항목별 분류가 가능했던 것이다.

## 박세당, 자신의 생활 방식에 따라 분류하다

박세당朴世堂(1629~1703)은 성리학을 바탕으로 실천적 학문을 중시한 인물로 주자학의 교조적 해석에 비판적인 시각을 보였던 인물이다. 실사구시實事求是의 관점으로 민생 문제와 농업에 관심을 가졌고 대내외 정책에도 개혁적인 시각을 드러냈다. 양명학과 노장사상에 개방적 태도를 보여 관직을 떠난 뒤에는 사서四書와 도덕경道德經, 장자莊子 연구를 통해 주자학적 관념에서 벗어나려는 학문적 지향을 취했다. 특히 노자의 무위無爲는 사사로운 욕구에 얽매이지 않는 무욕無欲의 정치 태도라 보았고, 장자의 무위자연은 치자治者가 과도한 지배욕을 버리고 백성들의 생활에 힘쓸 것을 요청한 무욕의 뜻으로 보았다. 이러한 그의 학문적 성향은 조선 후기 실학에 큰 영향을 미쳤을 뿐만 아니라 사상적 다양성을 확장하는 데 중요한 역할을 하였다.

반남박씨 서계종가에는 『가장서적家藏書籍』이라는 장서목록이 전래되어 왔다. 이것이 서계 박세당이 1688~1689년에 작성한 장서목록이라는 점이 선행 연구에 의해 밝혀졌다.[94] 장서목록의 작성 시기는 목록에 기록된 자료들과 대출자의 인적 사항 등을 검토해 확인할 수 있다. 박세당의 장서목록에는 1702년에 간행된 박태보朴

泰輔(박세당의 차자)의 문집인 『정재집定齋集』이 수록되어 있지 않다. 따라서 이 장서목록이 1702년 이전에 작성되었음을 알 수 있다. 그리고 장서목록에는 1680년의 「공신녹권」, 1681년의 『문과방목』, 1683년에 간행된 『실록청제명록』과 『반남박씨세보』가 수록되어 있다. 또한 장서목록에 기재된 조선 인사의 문집 가운데 1684년에 간행된 『백강집』이 가장 늦게 간행된 문집인 것으로 확인된다. 장서목록의 기록에 따르면 제자 정만적鄭萬迪(1651~1689)이 가장 많은 책을 빌려 간 것으로 확인되는데, 그가 생전에 빌려 갔다는 점을 고려할 때 장서목록 작성 시기의 하한선을 1689년으로 잡을 수 있다. 그리고 박세당이 1688년 봄에 유람하며 기록한 『금강록金剛錄』이 장서목록에 수록되어 있다. 따라서 이상의 내용을 종합해 볼 때 박세당의 장서목록 『가장서적』은 1688년에서 1689년 사이에 작성되었던 것으로 확인된다. 그 시기는 박세당이 양주 수락산 석천동으로 이거한 이후에 해당된다. 이 시기에 박세당은 중앙으로부터 여러 관직에 제수되었으나 부임하지 않고 석천동에 은거하며 저술에 몰두하였으므로 자신의 장서목록을 스스로 작성할 수 있는 여력이 있었던 것으로 보인다.

박세당의 장서목록을 살펴보면 그의 사상, 학문적 태도와 정치적 성향 등을 그대로 느낄 수 있다. 우선 그의 장서량은 모두 196종이

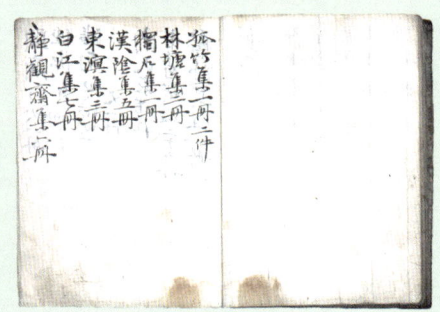

며, 이는 송준길 장서의 약 50%에 불과하고, 배삼익 장서의 약 55%,
이원정 장서의 약 70%에 그칠 정도로 소박한 규모의 장서를 갖추
고 있었다. 그의 장서목록에는 분류 항목에 대한 별도의 명칭을 부
여하지 않았지만, 지면의 구분을 통해 크게 9개 항목으로 나누었음
을 알 수 있다. 하나의 항목이 끝나면 별도의 여백을 남겨두고 다음
면으로 이동하여 또 다른 항목을 시작하는 기록방식을 취하였다.
항목별 명칭은 없지만, 박세당이 무엇을 기준으로 9개 항목으로 분
류하였는지 대략적으로 파악할 수 있다. 박세당의 장서목록에 수록
된 서책은 다음과 같으며, 9개로 나눈 항목의 명칭은 서책의 성격에
따라 필자가 임의로 추가하여 넣은 것이다.

① 경전류經典類·유가류儒家類(31종): 주역周易, 주역언해周易諺解, 역학계몽易學啓蒙, 계몽전의啓蒙傳疑, 서전書傳, 서전언해書傳諺解, 서전대문書傳大文, 시전詩傳, 시전언해詩傳諺解, 시대문詩大文, 논어論語, 논어언해論語諺解, 맹자孟子, 맹자대문孟子大文, 맹자언해孟子諺解, 대학大學, 대학언해大學諺解, 중용中庸, 중용언해中庸諺解, 소학小學, 소학언해小學諺解, 소학집주小學集註, 근사록近思錄, 심경心經, 심경석의心經釋疑, 효경孝經, 가례家禮, 상례비요喪禮備要, 의례문해疑禮問解, 독서록讀書錄, 격몽요결擊蒙要訣

② 사부史部 정사류正史類·초사류抄史類·편년류編年類(10종): 좌전左傳, 사찬史纂, 한찬漢纂, 한준漢雋, 한사열전漢史列傳, 강목綱目, 통감通鑑, 통감속편通鑑續編, 사략史略, 사략초史略抄

③ 중국저작 시문류詩文類·운서류韻書類(25종): 초사楚辭, 고시귀古詩歸, 시수詩粹, 창려집昌黎集, 한문韓文, 창려문초昌黎文抄, 한시韓詩, 당문수唐文粹, 남화경南華經, 정절시靖節詩, 유주시柳州詩, 소주시蘇州詩, 두율杜律, 팔대가문초八大家文抄, 원집元集, 백집白集, 고금시산古今詩刪, 동파문집東坡文集, 동

파시집東坡詩集, 구문歐文, 소문蘇文, 고문진보古文眞寶, 동래
박의東萊博議, 예부운禮部韻, 운고韻考


④ 조선저작 시문류詩文類·보계류譜系類(11종), 의가류醫家類
(3종): 고죽집孤竹集, 임당집林塘集, 독석집獨石集, 한음집漢
陰集, 동명집東溟集, 백강집白江集, 정관재집靜觀齋集, 현묘행
장顯廟行狀, 종덕신편種德新編, 반남세보潘南世譜, 남씨가첩
南氏家牒, 동의보감東醫寶鑑, 의맥진경醫脉眞經, 직지방直指方


⑤ 자신의 저술 관련 자료(30종): 도덕경道德經, 남화경南華經,
논어정문論語正文, 당률唐律, 두시칠언杜詩七言, 동파칠언東
坡七言, 두시오언杜詩五言, 이백李白, 색경穡經, 열조시평列朝
詩評, 자문록資聞錄, 동시선東詩選, 금강록金剛錄, 운옥韻玉,
선장先狀, 하석선생유고霞石先生遺稿, 가고家稿, 잡저雜著, 시
고詩稿, 북정록고北征錄藁, 서정일록西征日錄, 잠고潛稿, 만록
漫錄, 규범規範, 만금불환萬金不換, 기어綺語, 의의疑義, 제찬
도설祭饌圖說, 논도설論圖說, 상제기식喪祭紀式


⑥ 방목류榜目類·명단류名單類(6종): 경자사마방목庚子司馬榜目,

경자증광방목庚子增廣榜目, 신유방목辛酉榜目, 실록청제명
록實錄廳題名錄, 이십공신회맹록二十功臣會盟錄, 보사원종녹
권保社原從錄券

⑦ 생활필수 자료(5종): 족보族譜, 백중력百中曆, 역대기년歷代
紀年, 동국명인록東國名人錄, 가장서적기家藏書籍記

⑧ 과거시험용 자료(13종): 화로化罏, 과용利用, 황백묘선黃白
妙選, 옥진금성玉振金聲, 여선儷選, 방이유취方以類聚, 굉의宏
議, 책림정영策林精英, 대정대책大庭對策, 동책東策, 전대殿對,
집책부흘執策附訖, 동시東詩

⑨ 서화류書畵類(62종): 삼장성교서三藏聖敎序, 난정서蘭亭序,
우군집자右軍集字, 초성草聖, 우비감서虞秘監書, 저음부경褚
陰符經, 저수량서褚遂良書, 석루표장石樓縹藏, 구양솔경서歐
陽率更書, 평제탑비平濟塔碑, 장정규팔분張廷珪八分, 가묘비家
廟碑, 다보탑비多寶塔碑, 영취첩靈鷲帖, 서계묵보西溪墨寶, 안
태사서顏太師書, 현비탑비玄秘塔碑, 김생서金生書, 백월비후
白月碑後, 회소서懷素書, 삼장묘한三張妙翰, 도사취금淘沙取金,

진락공제문眞樂公祭文, 석경기石經紀, 보전진적莆田眞蹟, 숭악비嵩嶽碑, 송설헌서松雪軒書, 조자앙서趙子昻書, 동악묘비東嶽廟碑, 정국부庭菊賦, 증도가證道歌, 귀거래사歸去來辭, 완화유수浣花流水, 제가서諸家書, 설암서법雪菴書法, 설암동명雪菴東銘, 설암병위삼雪菴兵衛森, 동현재첩董玄宰帖, 등왕각서滕王閣序, 부자기문不自弃文, 초결가草訣歌, 열성어필列聖御筆, 선묘어필宣廟御筆, 선묘어한宣廟御翰, 취금헌천자문醉琴軒千字文, 석봉상량문石峯上樑文, 원도原道, 초려시서草廬詩序, 등왕각서滕王閣序, 일가쌍절一家雙絶, 봉래초서蓬萊草書, 백사서적白沙書蹟, 전해심경篆海心鏡, 전운篆韻, 백설서법白雪書法, 초법草法, 서첩書帖, 동필東筆, 해동명적海東名蹟, 송림비松林碑, 서계청완西溪淸玩, 고적古蹟

박세당은 크게 두 가지 기준으로 장서를 분류하였다. 9개 항목 가운데 전반부의 4개 항목은 경사자집 분류 개념을 적용하여 분류하였고, 후반부의 4개 항목은 박세당 자신의 생활 방식에 따른 분류 방식을 적용하였다. 마지막 항목에는 서화류를 따로 수록하였다.

| 구분 | 분류 항목 | 종수 | 비중 |
|---|---|---|---|
| 경사자집<br>분류 개념<br>적용 | 경전류經典類·유가류儒家類 | 31종 | 15.8% |
| | 정사류正史類·초사류抄史類·편년류編年類 | 10종 | 5.1% |
| | 중국저작 시문류詩文類 등 | 25종 | 12.8% |
| | 조선저작 시문류詩文類·보계류譜系類·의가류醫家類 | 14종 | 7.1% |
| 자신의<br>생활 방식에<br>따른 항목 | 자신의 저술 관련 자료 등 | 30종 | 15.3% |
| | 방목류榜目類·명단류名單類 | 6종 | 3.1% |
| | 생활 필수 자료 | 5종 | 2.6% |
| | 과거시험용 자료 | 13종 | 6.6% |
| 서화류 항목 | 서화류書畵類 | 62종 | 31.6% |
| 합 계 | | 196종 | 100% |

전반부의 4개 항목을 살펴보면 전통적인 경사자집 사부 분류 방식을 기준으로 박세당 자신의 분류 방식을 혼합하는 방식을 취했다. 첫 번째 항목에는 31종의 서책이 수록되어 있다. 사서삼경류와 가례家禮 등의 예서禮書가 주를 이루며 대부분 경부經部에 해당된다. 이 외에도 『소학小學』, 『근사록近思錄』, 『심경心經』 등 자부子部 유가류儒家類도 함께 수록되어 있지만, 경전을 바탕으로 한 유가儒家의 학설이라는 점에서 경부에 포함시킬 수 있다. 두 번째 항목에는 『사찬史纂』, 『강목綱目』, 『통감通鑑』 등 사부史部에 해당하는 역사서 10종이 수록되어 있고, 전체 장서의 약 5%에 해당할 정도로 많지 않다. 다른 항목에 수록된 보계류와 방목류 등을 포함하여도 10%

를 넘지 않는다.[95] 박세당의 장서인이 날인된 현존본은 대부분 첫 번째와 두 번째 항목에 수록된 서책들에서 발견된다. 대표적으로 『시전대전詩傳大全』과 『자치통감절요속편資治通鑑節要續編』을 들 수 있으며,[96] '서계초로西溪樵老'라는 그의 장서인이 찍혀 있다(그림 27).

전반부의 세 번째 항목에는 『초사楚辭』, 『팔대가문초八大家文抄』, 『고문진보古文眞寶』 등의 집부集部에 해당되는 서책과 시부詩賦의 운을 찾기 위해 사용했던 『예부운禮部韻』, 『운고韻考』 등의 자전류字典類 등 중국 저술류 25종이 수록되어 있다. 자전류는 경부의 소학류小學類에 해당되지만, 시부를 짓는 데 필요한 공구서라는 점에서

**그림 27**

박세당 장서인藏書印이 찍힌 『시전대전』과 『자치통감절요속편』, 한국학중앙연구원 장서각 소장, 의정부 장암 반남박씨 서계 박세당 종가 기탁

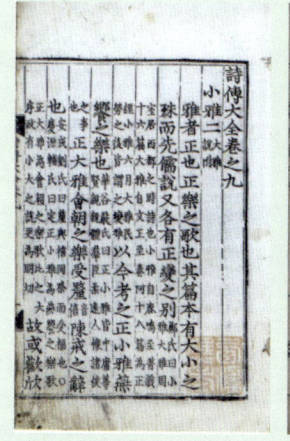
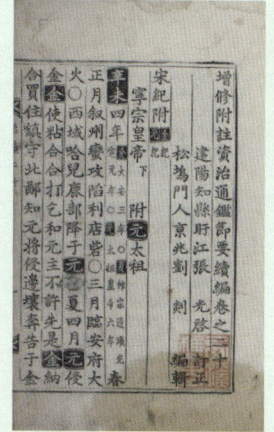

서계초로西溪樵老

집부에 함께 포함시킨 사례들이 다수 발견된다. 네 번째 항목에는 『고죽집孤竹集』, 『임당집林塘集』 등 조선시대 문사들의 문집류와 『반남세보潘南世譜』·『남씨가첩南氏家牒』 등의 보계류, 『동의보감東醫寶鑑』 등의 의가류 등 다양한 주제의 서책이 수록되어 있으며, 대부분 조선시대 문사들의 저술류인 것으로 확인된다. 전반부의 4개 항목에 수록된 서책들은 대부분 간행본으로 추정되며, 이는 후반부의 4개 항목과 구분되는 중요한 특징이다.

후반부의 4개 항목은 박세당이 생활 방식에 따라 편의대로 분류한 것으로 필사본이 많은 비중을 차지한다. 크게 박세당의 저술 활동과 관련된 자료, 왕실로부터 받은 공적 기록류, 생활에 긴요한 자료, 교육 활동과 관련된 자료 등으로 분류된다.

후반부 첫 번째 항목은 박세당의 저술 활동을 볼 수 있는 자료들이다. 자료의 성격은 크게 세 가지로 구분된다. 첫 번째가 박세당 본인의 저술·기록류이다. 박세당의 저서인 『색경穡經』, 박세당이 함경북도 병마평사 시절 기록한 『북정록고北征錄藁』, 북경에서 성절사聖節使 서장관書狀官 직을 수행하며 기록한 『서정일록西征日錄』, 자신의 자호 잠수潛叟를 따서 명칭을 붙인 『잠고潛稿』, 박세당의 금강산 유람기인 『금강록』 등이다. 또 박세당의 저술로 짐작되는 『잡저雜著』, 『시고詩稿』, 『만록漫錄』 등이 수록되어 있다.

첫 번째 항목에 포함된 자료의 두 번째 특징은 자신의 저술에 필요한 참고 자료들이라는 점이다. 『도덕경道德經』과 『남화경南華經』이 수록되어 있다는 점에서 인상적인데, 이는 박세당이 『신주도덕경新註道德經』과 『남화경주해산보南華經註解刪補』를 저술할 때 참고하며 사용하였던 원전으로 추정된다. 이 외에도 자신의 시고 작성에 참고하였던 각종 시문류 및 자전류 등이 포함되어 있다.

이 항목에 포함된 자료의 또 다른 특징은 박세당이 수습·정리했던 선조의 유고나 자신이 작성한 선조에 대한 기록들이라는 점이다. 부친 박정朴炡의 유고인 『하석선생유고霞石先生遺稿』, 『선장先狀』, 『가고家稿』 등이 이에 해당된다. 이상 언급한 세 가지 성격의 자료는 넓은 범위에서 박세당 저술과 관련된다는 점에서 일맥상통한다. 이 때문에 박세당이 별도의 항목으로 분류하여 수록하였던 것으로 짐작된다.

후반부 두 번째 항목은 박세당·박태유 부자의 훈적이 기록된 공적 기록류로 구성되어 있으며, 박세당·박태유의 이름이 기록되어 있는 중앙의 훈적류이다. 장서목록이 작성되었던 시기는 차자 박태유가 사망한 이후이기에 그와 자신의 공적을 함께 남기고자 따로 분류하였던 것으로 보인다. 박세당의 사마시 합격자 명단인 『경자사마방목庚子司馬榜目』(1660년), 그의 문과시 합격자 명단인 『경자증

광방목庚子增廣榜目』(1660년), 박태유의 문과 방목인 『신유방목辛酉榜目』(1681년), 박태유가 『현종개수실록顯宗改修實錄』 편찬에 참여한 이후 참여자 명단을 간행한 『실록청제명록實錄廳題名錄』(1683년), 박세당의 『이십공신회맹록二十功臣會盟錄』(1680년), 박태유의 『보사원종녹권保社原從錄券』(1680년) 등 총 6종이 수록되어 있다. 박세당이 국가로부터 부여받은 공식적 훈적류를 따로 분류했던 것은 자신보다 일찍 세상을 떠난 아들에 관한 공적 기록, 그리고 중앙과 왕실에 공헌한 자신의 신념과 자긍심을 드러내려는 의도로 보인다.

후반부 세 번째 항목은 『족보族譜』, 『백중력百中曆』, 『역대기년歷代紀年』, 『동국명인록東國名人錄』, 『가장서적기家藏書籍記』 등 5종만 수록되어 있다. 이들 자료의 공통적 성격이 명확하게 드러나지는 않지만, 일상의 쓰임새에서 그 공통점을 찾아볼 수 있다. 이들 자료를 오늘날의 물건으로 비교하자면 다이어리·전화번호부·연표·인명사전 등의 성격을 갖는다. 즉, 언제나 곁에 두고 쉽게 꺼내 보아야 하는 자료들이다. 집안 인물들의 관계를 한눈에 볼 수 있는 『족보』, 하루하루 있었던 일을 기록하며 수첩의 역할을 하였던 『백중력』, 조선 역대 임금의 재위 기간·즉위년·기일·능소를 비롯해 단군으로부터 고려까지 각 왕조의 재위 기간·즉위년까지 모두 수록한 『역대기년』, 우리나라 역대 명인들을 기록한 『동국명인록』 등 모두 박세당의 일상에서 필수적으로 사용되었던 자료들이었다. 무엇보다 흥미로운 것은 그의 장서목록인 '가장서적기'가 이 항목에 수록되어 있다는 점이다. 이런 점으로 미루어 볼 때 이 항목에 포함된 자료들은 아마도 박세당이 자신의 책상 위에 또는 서랍 속에 넣어두고 그때그때 꺼내보며 참고했던 자료였을 것으로 짐작된다.

네 번째 항목에는 『화로化鑪』, 『과용科用』, 『여선儷選』, 『굉의宏議』 등의 서책이 수록되어 있다. 이들 서책은 과거시험 준비를 위한 참고도서라는 공통점을 갖는다. 이 항목에 수록된 13종의 서책은 시詩, 부賦, 표表, 전箋, 대책對策, 잠箴, 송頌, 제制, 조詔, 논論, 명銘 등과 같이 과거시험에 필요한 역대 과문科文을 모아둔 자료집들로, 이 또한 박세당의 일상생활과 직접적으로 관련된다. 박세당의 석천동 생활에서 저술 활동만큼 많은 비중을 차지하였던 것이 교육 활동이다. 그의 문인록에 기록된 제자 수는 백여 명에 이른다.[97] 박세당이 공직에서 물러난 뒤 자신의 문하에 나이 어린 후생들이 배우려고 몰려들면 모두 흔쾌히 받아들였다는 기록을 통해서도 그의 제자가 상당수였음을 짐작할 수 있다.[98] 이 항목의 『화로』와 『과용』을 제외한 나머지 서책 밑에는 책을 빌려 간 이들의 성명과 자를 표기하였는데, 대부분 그의 제자인 것으로 확인된다. 따라서 과문에 필수적인 자료집을 다른 항목으로 분류하여 관리했다는 것은 박세당이

제자들의 과거시험 및 교육 활동에 공을 많이 들였음을 간접적으로
보여준다.

박세당의 장서목록 중 가장 마지막 항목에는 서화류 62종이 수
록되어 있다. 박세당이 동진東晉의 왕희지王義之부터 명대 동기창董
其昌까지 중국 역대 명필가의 서첩류를 소장하고 있었음을 알려준
다. 대표적으로 왕희지의 『삼장성교서三藏聖敎序』, 당 우세남虞世南
의 『우비감서虞秘監書』, 저수량褚遂良의 『저음부경褚陰符經』과 『저수
량서褚遂良書』, 구양순歐陽詢의 『구양솔경서歐陽率更書』, 소정방蘇定方
의 『평제탑비平濟塔碑』, 안진경顔眞卿의 『가묘비家廟碑』와 『안태사서
顔太師書』, 유공권柳公權의 『현비탑비玄秘塔碑』, 회소懷素의 『회소서懷
素書』, 원나라 조맹부趙孟頫의 『송설헌서松雪軒書』와 『증도가證道歌』
등, 승 부광傅光의 『설암서법雪菴書法』과 『설암동명雪菴東銘』, 명나라
동기창의 『동현재첩董玄宰帖』 등 다양한 필적을 소장하고 있었다.

박세당이 중국 명필가의 다양한 서첩을 소장할 수 있었던 것은
1668년 성절사 서장관으로 연경에 다녀온 것이 중요한 계기가 되
었던 것으로 보인다. 이러한 사실은 그가 연행했을 때 당 구양순의
〈구성궁예천명九成宮醴泉銘〉을 가지고 들어와 그의 아들 박태유가
온전한 글자를 뽑아 돌에 새기고자 했다는 기록에서 확인할 수 있
다.[99] 그의 장서목록에 수록된 중국 명필의 서첩류 가운데 왕희지의

**그림 28**

왕희지의 『삼장성교서』와 부광의 『설암동명』,
한국학중앙연구원 장서각 소장, 의정부 장암 반남박씨 서계 박세당 종가 기탁

『삼장성교서』, 소정방의 『평제탑비』, 부광의 『설암동명』은 서계종
가에 가전되어 그 실물이 전해지고 있다. 특히 장서목록에 수록된
서첩의 현존본 가운데 『설암동명』에는 '백석헌白石軒'과 '사안士安'이
라고 새긴 박태유 장서인이 찍혀 있어 그가 당시에 대자 글씨를 익
히기 위한 참고서로 사용하였음을 알 수 있다(그림 28).

박세당은 중국의 명필뿐만 아니라 우리나라 명필의 서첩도 다수
소장하고 있었다. 신라 김생金生의 『김생서金生書』, 박팽년朴彭年의
『취금헌천자문醉琴軒千字文』, 양사언楊士彦의 『봉래초서蓬萊草書』, 한
호韓濩의 『석봉상량문石峯上樑文』, 이항복李恒福의 『백사서적白沙書蹟』

등이 그것이다.

중국과 우리나라 명필들의 서첩류는 감상용 및 글씨 학습서 등으로 주로 사용되었지만, 묘지명, 신도비명, 묘비명, 묘갈명, 묘표 등에 쓸 글자를 집자集字하기 위한 용도로도 사용되었다.

> 음기陰記도 대략 지어서 보냈네. 병 때문에 일찍 서두르지
> 못하고 황망한 가운데 쫓기듯이 지어 영 마음에 들지 않네.
> 음기의 소자小字는 누가 쓰기로 했는가? 일찍이 들어보니
> 유공권柳公權의 글자를 집자集字하여 쓴다고 들었는데 어찌
> 심히 좋지 않겠는가. 다만 집자하는 법은 반드시 한 사람의
> 글씨를 모아 큰 자건 작은 자건 전부 서로 동떨어지지 않은
> 뒤에라야 완성되는 것이니, 빠진 글자가 많으면 어찌할 수
> 없는 노릇이네. 〈다보탑비多寶塔碑〉의 글자 수는 매우 많으
> 니 비록 대자가 아니지만 그래도 너무 가늘거나 작지는 않
> 으니, 이것으로 집자하여 만든다면 당연히 시속의 졸렬한
> 글씨보다는 훨씬 뛰어날 것이네. 그렇지 않다면 혹 망식亡
> 息의 글씨로 집자하더라도 거의 무방할 것이네. 지금 집자
> 를 하되 꼭 〈현비탑비玄秘塔碑〉와 같이 큰 글자를 구하고자
> 하면 아마도 쉽지는 않을 것이네.[100]

위의 글은 1699년 박세당이 그의 손녀사위 이덕부李德孚에게 답장으로 보낸 편지이다. 이덕부의 처는 박세당의 손녀이자 박태유의 딸인데 1693년 3월에 세상을 떠났다. 이후 6년이 지난 뒤 이덕부가 처의 묘표를 세우기 위해 박세당에게 대자 글씨를 받았던 정황을 확인할 수 있다.[101] 편지에는 음기로 쓸 소자 글씨에 대해 박세당이 당나라 안진경의 〈다보탑비〉 글씨로 집자集字하도록 권유하는 한편, 망식, 즉 아들 박태유의 글씨를 집자하여 써도 좋다고 하였다. 조선 17세기 후반인 숙종 연간 이후로는 안진경체가 다시 유행하며 안진경과 유공권의 글자를 모은 집자비가 나타나기 시작한 시기이다. 이런 흐름을 선도한 서예가로 박세당의 아들 박태유와 박태보가 꼽히고 있다.[102] 박세당이 언급한 서첩인 유공권의 〈현비탑비〉와 안진경의 〈다보탑비〉는 모두 『가장서적』에 수록되어 있다. 『가장서적』에 수록된 서첩들이 글씨 학습서의 용도는 물론, 일상생활 속에서 개인의 삶과 죽음을 명문銘文으로 남기는 묘표·묘갈명·묘비명 등의 집자에 중요한 자료로 사용되었음을 알려주는 대목이다.

박세당의 장서목록 중 유일하게 『서계청완西溪淸玩』이란 화첩畵帖 1종이 실려 있다. 박세당의 문집에 『서계청완』에 대한 발문이 수록되어 있을 정도로 애지중지 간직하였던 화첩이었다.[103] 이 화첩 역시 1668년 연경을 다녀오면서 가져온 것으로, 그림에 표현된 소산하고

한적한 운치를 즐기며 때때로 펼쳐 보며 마음을 붙였던 그림이었다.

박세당은 서예가로서의 명성은 없지만 서화에 대해 상당한 안목을 갖춘 인물이었다. 아들 박태유와 박태보가 강직한 충절과 탁월한 필재로 17세기 후반의 서예계에 족적을 남길 수 있던 것도 모두 박세당이 물려준 가학이 바탕이 되었다. 박세당의 장서목록에 서화류가 가장 많은 비중을 차지한다는 것은 그가 양주 수락산 은거에서 보여줬던 속세를 벗어난 자연의 삶에 대한 열망과도 관련이 있을 것으로 짐작된다. 그가 장서목록에 남긴 기록에는 개인의 생활과 신념, 그리고 문화예술의 적극적 수용과 일상의 적용을 위한 노력이 현저하다는 점이 다른 장서가들의 장서 성격과 구별되는 지점이다.

## 이원정·이담명 부자, 서책을 수집한 시기별로 분류하다

귀암 이원정李元禎(1622~1680)은 장현광의 학문적 영향을 받은 인물로, 1652년 문과 급제 이후 중앙 정계로 진출하여 이조판서까지 역임하였다. 현종과 숙종 대의 예송 과정에서 남인의 대표 인물로 중심 역할을 하였으나 서인과 남인의 갈등 구조 속에서 1680년 경신환국 때 목숨을 잃었다. 그의 아들 이담명李聃命(1646~1701)은 근기 남인 이수광李睟光의 손자인 이석규李碩揆의 딸과 혼인하였으며, 미수 허목許穆에게 수학하였다. 1670년 문과 급제 이후 병조 참의, 홍주 목사 등을 지냈으나 1680년 경신환국으로 파직되었다. 1689년 기사환국 후 조정으로 돌아와 부친 이원정의 억울한 죽음을 신원하기 위한 노력 끝에 이원정을 영의정으로 추증하도록 이끌었다.

광주이씨 이원정 후손가에 전래된 장서목록은 현재 계명대 동산 도서관에 소장되어 있다. 그 가운데 이원정과 이담명 부자와 관련된 장서목록은 『광주이씨서책치부廣州李氏書冊置簿』(그림 29 위)와 『완부조비서책完府措備書冊』(그림 29 아래)이다.

전자는 이원정이 작성한 장서목록이고, 후자는 아들 이담명이 이원정의 장서까지 포함시켜 후대에 작성한 것으로 추정되는 장서목록이다. 전자는 1670년 이전까지 작성하였던 것으로 보인다. 목록

**그림 29**

광주이씨 이원정·이담명 부자의 장서목록, 계명대학교 동산도서관 소장

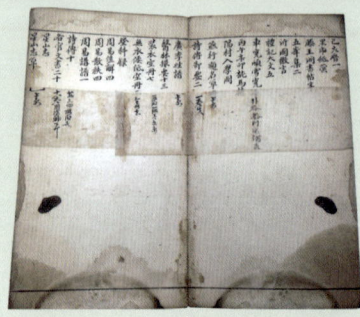

1670년 이전에 작성된 장서목록

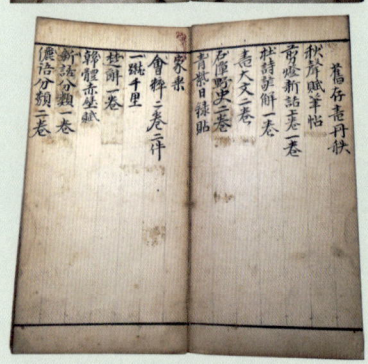

1690년대까지 정리·증보된 장서목록

에는 누가 어떤 책을 빌려 갔는지, 어느 지역으로 옮겨갔는지, 언제 반납되었는지 등의 장서 출입에 관한 기록이 추기되어 있다. 이 장서목록은 2개 항목으로 구분하여 작성하였다. 첫 번째 항목은 옛날부터 있던 서책이라는 의미의 '구존서책舊存書冊'이라는 항목을 적어 총 119종의 책명을 수록하였다. 두 번째 항목은 새롭게 비축한

서책이라는 의미로 '신비축책新備蓄冊'이라 적고, 그 아래에 작은 글씨로 '당판책부唐板冊附'라는 부제를 달아 중국본 책들이 포함되어 있음을 표기하였다. 이 항목에는 총 156종의 서책이 수록되어 있다.[104] 기존에 119종의 장서를 소장해 오다가 어느 시점 이후로 156종이 추가되어 전체 275종이 되었음을 알 수 있다. 이처럼 이원정의 장서량이 갑자기 증가하였던 이유는 1657년 전주 판관全州判官 재임 시절 전주부를 통해 많은 서책을 수집할 수 있었고, 1659~60년에 사은사 서장관으로 청에 다녀오며 중국본을 다량 수집할 수 있었기 때문으로 보인다. 게다가 1664년에 전주 부윤全州府尹으로 부임하고 1670년에 사은부사로 재차 청에 연행하는 과정에서 중국본을 더욱 적극적으로 수집할 수 있었다. 이러한 정황을 종합해 볼 때 『광주이씨서책치부』는 1670년 연행을 다녀온 시기까지 수집된 장서를 목록화한 것으로 보인다.

장서가 갑자기 늘어난 시기를 기점으로 외부 장소로 이관되었거나 지인에게 빌려 준 장서 등을 점검하는 작업이 필요했다. 그리고 추가된 장서를 부기하여 새로운 장서목록을 작성해야 했다. 당시 이원정은 공무로 바빴기 때문에 20대였던 아들 이담명이 장서점검과 목록 작성을 총괄하였을 가능성이 크다. 따라서 "완부조비서책"이라는 표제가 있는 장서목록은 1670년을 기점으로 이원정이 장서

관리 권한을 넘기며 아들 이담명의 주관으로 작성되었던 것으로 판단된다. "완부조비서책"이란 명칭은 첫 번째 항목명인 "완부조비서책"을 계명대 도서관에서 그대로 차용하여 책명으로 붙인 것이다.

이담명이 후대에 작성한 것으로 추정되는 『완부조비서책』은 이원정의 장서목록『광주이씨서책치부』에 들어있는 장서까지 포함하여 작성되었다. 집안의 장서를 전체적으로 점검한 뒤 없어진 서책은 목록에서 삭제하고 새로 수집한 서책은 목록에 추가하며 1690년대까지 계속적으로 증보되었다. 서책 종수를 기준으로 보면『완부조비서책』에 수록된 서책이『광주이씨서책치부』보다 1.5배 정도 많은 규모이다.[105]『완부조비서책』에 수록된 장서목록을 살펴보면 다음과 같다.

> ① 완부조비서책完府措備書冊(90종): 강목綱目, 춘추春秋, 예기禮記, 성리대전性理大全, 시전언해[詩解], 서전언해[書解], 맹자孟子, 중용中庸, 주역周易, 논어論語, 서전書傳, 창려집昌黎集, 동파東坡, 산곡집山谷集, 상은집商隱集, 의절가례儀節家禮, 석주집石洲集, 유천집柳川集, 성학집요聖學輯要, 읍취헌집挹翠軒集, 사암집思菴集, 조현곡집趙玄谷集, 정현곡집鄭玄谷集, 병학지남兵學指南, 장감박의將鑑博議, 사략史略, 가어家語, 고령세고

高靈世稿, 송강집松江集, 청송집聽松集, 역대총목歷代總目, 옥봉집玉峯集, 계곡집谿谷集, 격몽요결擊蒙要訣, 경현록景賢錄, 의례경전儀禮經傳, 근사록近思錄, 남화경南華經, 공자통기孔子通紀, 학봉집鶴峯集, 율곡집栗谷集, 당음唐音, 동의보감東醫寶鑑, 의학정전醫學正傳, 시대문詩大文, 서대문書大文, 황명기략皇明紀略, 가례家禮, 주역언해周易諺解, 주자대전朱子大全, 채소능언體素能言, 동악집東岳集, 지부요괄地部要括, 지부총람地部摠覽, 본초단방本草單方, 도은집陶隱集, 한강집寒岡集, 통감通鑑, 삼대가三大家, 주자봉사朱子封事, 의학입문醫學入門, 지봉유설芝峯類說, 해동명신록海東名臣錄, 내훈內訓, 백호집白湖集, 심경心經, 옥봉서첩玉峯書帖, 중흥송서첩中興頌書帖, 대학혹문大學或問, 양선생왕복서兩先生往復書, 삼운통고三韻通考, 침구경험방鍼灸經驗方, 육도六韜, 삼략三略, 이위공李衛公, 위료자尉繚子, 오선생예설五先生禮說, 손무자孫武子, 오자吳子, 기재집企齋集, 농가집성農家集成, 금강경金剛經, 능엄경楞嚴經, 대학大學, 중용혹문中庸或問, 대학혹문大學或問, 서정록西征錄, 무자사마방戊子司馬榜, 납약증치방臘藥證治方, 사마법司馬法


② 구존서책질舊存書冊秩(140종): 추성부필첩秋聲賦筆帖, 전등신

화剪燈新話, 두시언해杜詩諺解, 서대전書大文, 석담야사石潭野

史, 청자일록첩青紫日錄貼, 가승家乘, 회수會粹, 일축천리一蹴

千里, 초사楚辭, 한체적벽부韓體赤壁賦, 신어분류新語分類, 여

어분류儷語分類, 춘추春秋, 경서유초經書類抄, 옥찬玉纂, 향약

집성방鄕藥集成方, 장자莊子, 주자행장朱子行狀, 중용언해中庸

諺解, 석담유고石潭遺稿, 무경칠서武經七書, 둔촌잡영遁村雜咏,

고문진보후집古文眞寶後集, 논어論語, 삼원일류三源一流, 선부

選賦, 동각잡기東閣雜記, 연행록燕行錄, 광이성보廣李姓譜, 원

파실록源派實錄, 선부군참의행록先府君參議行錄, 선고先稿, 서

전書傳, 함주지咸州志, 서정문書正文, 심경발휘心經發揮, 주역

정문周易正文, 열성어제列聖御製, 퇴계선생연보합부退溪先生年

譜合部, 주문선택朱文先澤, 필담筆談, 지봉집芝峯集, 지봉유설

芝峯類說, 주서절요朱書節要, 주문작해朱文酌海, 사성통해四聲

通解, 의학정전醫學正傳, 의림촬요醫林撮要, 만병회춘萬病回春

(수사受賜), 좌전左傳, 좌전초평左傳鈔評, 고려사高麗史, 병정

일기丙丁日記, 습재집習齋集, 양촌입학도설陽村入學圖說, 소재

집蘇齋集, 송감宋鑑, 문선文選, 당태종제범唐太宗帝範, 예기 대

문禮記 大文, 반사초班史抄, 역학계몽易學啓蒙, 계몽전의啓蒙傳

疑, 오봉문집五峯文集, 경오구월일기庚午九月日記, 태극문변

합부太極問辯 合部, 간재집簡齋集, 성리자의 합부性理字義 合部, 주역언해周易諺解, 성리설性理說, 의학입문醫學入門, 통감通鑑, 퇴계문집退溪文集, 고사촬요攷事撮要, 사문유취事文類聚, 시학대성詩學大成, 운학전서韻學全書, 시학전서詩學全書, 제자품절諸子品節, 비급신서秘笈新書, 역조첩록歷朝捷錄, 역림보유易林補遺, 고문관주古文貫珠, 공자가어孔子家語, 국어國語, 사서四書(수진袖珍), 이경二經(수진袖珍), 용비어천가龍飛御天歌, 월사집月沙集, 목은집牧隱集, 상례비요喪禮備要, 소암집疎庵集, 석루집石樓集, 징비록懲毖錄, 점필재佔畢齋, 두시언해杜詩諺解, 백장전百將傳, 효경孝經, 역옹패설櫟翁稗說, 익재집益齋集, 청음집淸陰集, 회재선생집晦齋先生集, 포은선생집圃隱先生集, 남명집南冥集, 주자서절요朱子書節要, 이락연원伊洛淵源, 서애집西厓集, 백사집白沙集, 동계집桐溪集, 만병회춘萬病回春, 헌기정종軒歧正宗, 동의보감東醫寶鑑, 전등신화剪燈新話, 소학小學, 대학보유大學補遺, 사략초史略抄, 문장궤범文章軌範, 오리연보梧里年譜, 후청어鯸鯖語, 만취집晚翠集, 서경집西坰集, 삼강행실三綱行實, 장태사비명張太師碑銘, 하서선생행적河西先生行蹟, 주덕송酒德頌, 춘종春種, 두율杜律, 낙촌유고洛村遺稿, 진신편람搢紳便覽, 시전강보詩傳講譜, 서전강보書傳講譜, 심경부주 합

부心經附註 合部, 청송지남聽訟指南, 갑자서정록甲子西征錄, 적

벽부赤壁賦, 사략史略, 사략史略, 두율杜律, 주자어류朱子語類


③ 우구존서책질又舊存書冊秩(88종): 부계기문涪溪記聞, 관북기

문關北記聞, 동악집東岳集, 이문집람吏文謖覽, 기묘록己卯錄, 휘

운彙韻, 황토일과黃兎日課, 회재선생집晦齋先生集, 조체등왕각

趙體滕王閣, 기국휘언沂國徽言, 차원부설원기車原頫雪冤記, 병

오신묘용호방목丙午辛卯龍虎榜目, 연행제명록燕行題名錄, 시전

절요詩傳節要, 등과록登科錄, 주역산질周易散秩, 주역강보周易

講譜, 시전詩傳, 각관문기各官文記, 동인경銅人經, 여□…□輿

□…□, 잡고雜稿, 선부군행록先府君行錄, 초사연의樵史演義, 송

종록送終錄, 초서천자草書千字, 사고무술갑계좌목私稿戊戌甲契

座目, 경오식년방庚午式年榜, 임진용호방壬辰龍虎榜, 실록청제

명기實錄廳題名記, 서전書傳, 서전언해[書諺], 시대문詩大文, 이

락연원伊洛淵源, 탁영집濯纓集(수진袖珍), 연행록초燕行錄草,

산학계몽算學啓蒙, 당음唐音, 총옥叢玉, 여지승람輿地勝覽, 신

편휘어新編彙語, 경국대전經國大典, 자경편自警編, 소학小學, 맹

자언해[孟解], 상례비요喪禮備要, 맹자대문孟子大文, 산학계몽

算學啓蒙, 대학혹문大學或問, 당률광선唐律廣選, 홍무정운洪武

正韻, 침구경험방鍼灸經驗方, 승평지昇平志, 북창고옥시집北窓古玉詩集, 여씨향약呂氏鄕約, 현옹야언玄翁野言, 정해소丁亥疏, 지천집遲川集, 논어언해論解, 수은睡隱, 기암집畸庵集, 전등신화剪燈新話, 수양세보首陽世譜, 논어論語, 맹자孟子, 시전詩傳, 사송유취詞訟類聚, 무자연방戊子蓮榜, 만가총옥萬家叢玉, 중용언해中庸諺解, 대학언해大學諺解, 초결백운가草訣百韻歌, 시대문시大文, 황명기략皇明紀畧, 논어論語(대주大註), 주역周易, 맹자孟子, 동의보감東醫寶鑑, 경정집敬亭集, 우복문집愚伏文集, 【此以下庚戌措置】 주역언해[易解], 서전언해[書解], 퇴계집退溪集, 주역언해[易解](수사受賜), 통감通鑑, 고문진보 전집古文眞寶 前集, 고문진보 후집古文眞寶 後集, 대명률大明律

④ 1670년 경술 조비서책庚戌措備書冊(54종): 엄주집弇州集, 속엄주집續弇州集, 구양문집歐陽文集, 이공동집李空同集, 형천패편荊川稗篇, 만보전서萬寶全書, 여도적요輿圖摘要, 유유주집柳柳州集, 설심부雪心賦, 공자가어孔子家語, 육선공주의陸宣公奏議, 고금사략古今史略, 황명백장전皇明百將傳, 시경詩經(수진袖珍), 당형천집唐荊川集, 육선공집陸宣公集, 황명전요皇明典要, 만문일통萬文一統, 백장경집白長慶集, 소패설小稗說, 파

선집선坡仙集選, 당세설唐世說, 사륙전서四六全書, 유원총보類苑叢寶, 고사촬요攷事撮要, 등과록登科錄, 맹자孟子(반사頒賜), 중용中庸(반사頒賜), 대학大學(반사頒賜), 사략史略(반사頒賜), 근사록近思錄(반사頒賜), 심경心經(반사頒賜), 경사집설經史集說, 노사영언魯史零言, 죽간집竹磵集, 송당집松堂集, 일송집一松集, 조체동악비趙體東岳碑, 남화경南華經, 아계집鵝溪集, 한음집漢陰集, 석루집石樓集, 동문선東文選, 사부고四部稿, 어우집於于集, 기암집畸菴集, 경정집敬亭集, 열성어제列聖御製, 군감君監, 신감臣鑑, 구원집九畹集, 속강목續綱目, 동래박의東萊博議, 의림촬요醫林撮要

⑤ 1689년 이후[己巳後] 반사책頒賜冊·조비책措備冊(35종):

【반사책頒賜冊(9종)】열성어제列聖御製, 사기평림史記評林, 한서漢書, 어제서御製序, 천자문千字文, 대학연의大學衍義, 소학小學, 소학언해小學諺解, 통감通鑑, 맹자언해孟子諺解

【조비책措備冊(26종)】한강속집寒岡續集, 경산지京山志, 백가유찬百家類纂, 이상국집李相國集, 오리집梧里集, 홍하의집洪荷衣集, 동강집東岡集, 예부운禮部韻, 경서유초經書類抄, 대암집大庵集, 망우당집忘憂堂集, 구암집龜岩集, 자치통감資治

通鑑, 경사집설經史集說, 세설世說, 하곡집荷谷集, 남명집南冥
集, 사서삼경강보四書三經講譜, 경서經書(수진袖珍), 고문궤
범古文軌範, 송조명신록宋朝名臣錄, 당시품휘唐詩品彙, 광릉
계보廣陵系譜, 운부군옥韻府群玉, 학림옥로鶴林玉露, 주자유
서朱子遺書

　이원정·이담명 부자의 장서목록은 크게 5개 항목으로 구분하였
다. 첫 번째 항목을 제외하면 나머지 항목은 서책의 보존·수집 시기
에 따라 분류한 것이다. 첫 번째 항목인 '완부조비서책完府措備書冊'
은 완부完府인 전주부全州府에서 마련한 서책 목록이라는 의미이다.
이는 이원정이 1657년 전주 판관과 1664년 전주 부윤 재임 시 전주
부에서 간행된 서책 또는 전주부를 통해 수집한 서책을 수록한 것
으로 보인다. 해당 목록에 수록된 서책이 그간 집안에 보존해 오던
서책과 맞먹는 90종이나 된다는 점에서 두 차례의 전주부 재임기
에 수집한 장서가 다른 시기의 수집량보다 비중이 매우 컸음을 알
수 있다. 장서목록의 첫 번째 항목에서 서책을 수집한 시기를 특정
할 수 있듯이 나머지 항목도 수집 시기를 명시하거나 특정할 수 있
도록 구분하였다. 따라서 장서목록에 구분된 5개 항목 모두 서책의
보존과 수집 시기를 기준으로 분류된 것임을 알 수 있다.

**〈표 9〉** 17세기 이원정·이담명 부자 장서목록의 서책 보관·수집 시기별 분류 항목

| 분류 기준 | 항목 | 보관·수집 시기 | 종수 | 비중 |
|---|---|---|---|---|
| 전주부에서 수집된 서책 | ① 완부조비서책完府措備書冊 | 1657~1664년 이후 | 90종 | 22.1% |
| 옛날부터 있던 서책 | ② 구존서책질舊存書冊秩 | 1669년 이전 | 140종 | 34.4% |
| | ③ 우구존서책질又舊存書冊秩 | 1670년 이전 | 88종 | 21.6% |
| 경술년에 수집된 서책 | ④ 경술조비서책庚戌措備書冊 | 1670~1689년 | 54종 | 13.3% |
| 기사년 이후 수집된 서책 | ⑤ 기사후반사책己巳後頒賜冊<br>기사후조비책己巳後措備冊 | 1689년 이후 | 35종 | 8.6% |
| 합 계 | | | 407종 | 100% |

　이원정·이담명 부자는 내사본이나 중국본을 따로 분류하지 않고, 경사자집 위주의 주제별로도 분류하지 않았다. 이들은 서책이 보존되거나 수집된 시기를 분류의 가장 우선순위로 삼았다. 집안에 오래전부터 보존되어 온 서책은 '구존서책질舊存書冊秩'과 '우구존서책질又舊存書冊秩' 항목으로 분류해 넣었다. 전주부 재임 시기에 수집된 서책은 '완부조비서책完府措備書冊'에, 1670년 경술년에 수집된 서책은 '경술조비서책庚戌措備書冊'에, 1689년 기사년 이후에 수집된 서책은 '기사후반사책己巳後頒賜冊'과 '기사후조비책己巳後措備冊' 항목으로 분류하였다.

　첫 번째 항목인 '완부조비서책'은 앞서 설명하였듯이, 이원정의 전주부 재임 시절 수집한 서책 90종이 수록되었고, 대부분 전라도

170

지역의 책판으로 간행한 목판본이다. 두 번째와 세 번째 항목에는 옛날부터 집안에 소장해 오던 '구존서책질' 140종과 '우구존서책질' 88종이 수록되어 있다. '구존서책질'에는『사문유취事文類聚』,『시학대성詩學大成』,『운학전서韻學全書』등 기존에 소장해 온 중국본도 포함되어 있다. 이원정 초기 장서목록인『광주이씨서책치부』의 당판 책에 수록된 서명과 동일한 것으로 볼 때 이원정이 1659년 사은사 서장관으로 연행을 다녀올 당시 수집했던 중국본으로 판단된다. 당시에 수집된 중국본의 현존 실물로는『시학대성』,『제자품절』,『비급신서』,『역조첩록』,『국어』등이 확인된다(그림 30).

집안 소장본을 '구존서책질'과 '우구존서책질' 2개의 항목으로 구분한 이유는 명확하지 않으나, 이원정의 장서목록『광주이씨서책치부』의 내용과 비교하면 그 구분 이유를 대략적으로 유추할 수 있다. 세 번째 항목인 '우구존서책질'에 수록된 서책들을『광주이씨서책치부』에서 확인해 보면 이원정이 한양에 가져갔다는 의미로 '상경上京'이라고 표시하거나 광주이씨 별소인 성서 지역에 가져갔다는 의미로 '성서城西'라고 표시한 사례가 15종이다. 또한 전주全州, 이천伊川 등 타 지역이나 매호댁梅湖宅, 박곡참판댁朴谷參判宅 등에서 빌려 갔다고 표시한 사례도 12종 확인되고,『광주이씨서책치부』에 표시하지 않았던 서책도 34종이다. 이를 통해 1670년 새로 장서 점

검을 하는 과정에서 한양 집이나 성서 집 등 외부 별소에 보관하였
던 책, 한양 지역에서 수집하여 한양 집에 계속 보관하였으나 장서
목록에는 올리지 못한 책, 가족이나 지인에게 빌려줬던 책 등을 모
두 통합하여 목록을 정리한 것으로 보인다. 이처럼 집안의 장서 중
외부에 있던 서책들의 목록을 수록한 것이 세 번째 항목인 '우구존

**그림 30**

1659년 이원정이 수집한 중국본 『비급신서』와 『국어』, 대구가톨릭대학교 소장, 광주이씨 이원정가 기증

이원정 장서인이 날인된 『비급신서』

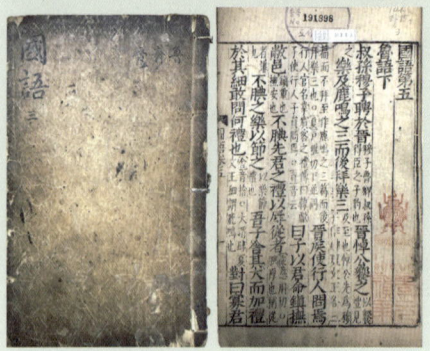

이원정 장서인이 날인된 『국어』

서책질'이었던 것으로 판단된다.

두 번째와 세 번째 항목에 수록된 228종 가운데 임금의 하사본이라는 의미로 '수사受賜'라고 표기된 경우는 『만병회춘萬病回春』과 『주역언해』 2종이다. 광주이씨 전래본 가운데 2종의 현존본이 대구가톨릭대 도서관에 소장되어 있다. 『만병회춘』의 원서명은 『증보만병회춘增補萬病回春』으로 10권 10책의 목활자본이지만, 대구가톨릭대 현존본은 제3책과 제5-7책 등 4권 4책만 남아있다. 내사본은 보통 제1책에 내사기와 내사인이 수록되어 있는데, 제1책이 결락되어 있어 내사본 여부를 확인할 수 없다. 하지만 이원정이 자신의 내사본에만 사용했던 "일반불망군은一飯不忘君恩" 인장(그림 3의 ⓒ)이 찍혀있고, 그 밑에 이원정의 성명인이 찍혀있어 이원정이 하사받은 내사본으로 판단된다(그림 31 좌).

9권 5책의 완질로 전해지고 있는 『주역언해』는 내사기가 선명하게 남아있어 이원정의 내사본임을 알 수 있다(그림 31 우). 『주역언해』의 권 머리에도 "내사지기" 인장과 함께 "일반불망군은"이라 새긴 장서인과 "이원정보李元禎甫"라고 새긴 성명인이 차례대로 찍혀있어 그가 받은 내사본임을 알려준다. 내사기에는 이원정이 이 책을 현종 11년(1670, 강희 9) 11월 19일에 하사받은 사실이 기록되어 있다. 이처럼 이원정·이담명 부자의 장서목록은 내사본을 별도로

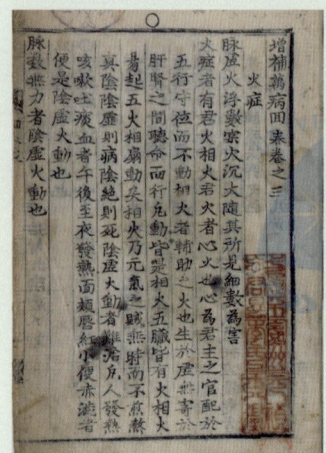
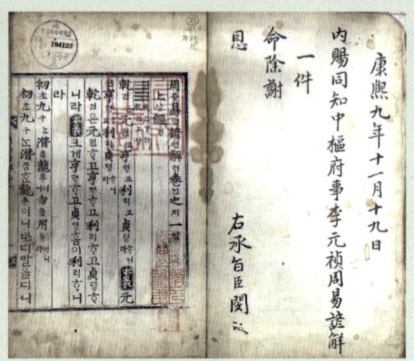

그림 31
1670년 이전의 이원정 내사본, 대구가톨릭대학교 소장

이원정 내사본 『만병회춘』           1670년 이원정 내사본 『주역언해』

구분하지 않고 서책의 보존과 수집 시기를 우선적으로 고려하여 분류하였음을 알 수 있다.

네 번째 항목인 '경술조비서책'은 경술년인 1670년에 수집한 서책이라는 의미로, 54종의 서책이 수록되어 있다. 보다 세밀히 구분하자면 1670년 이원정이 사은부사로 연행을 떠난 시기부터 다음 항목의 기준 시점인 1689년 이전까지 수집되었던 책이 모두 포함된 것으로 판단된다. 이 항목에 포함된 중국본 가운데 이원정이 당시에 소장했던 현존본이 남아있다. 장서목록에 '구양문집歐陽文集'과 '공자가어孔子家語'로 표기되어 있는 『구양문충공집歐陽文忠公集』과

『신각주석공자가어헌新刻註釋孔子家語憲』이 바로 그 책이다. 권두에
이원정의 장서인이 찍혀있어 이원정이 연행 시 구입했던 서책으로
짐작된다(그림 32).

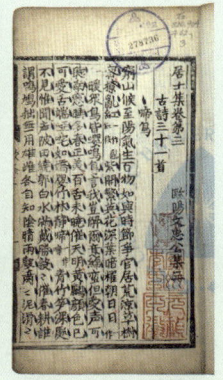

이원정 장서인 날인된 『구양문집』

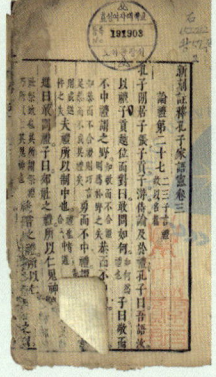

이원정 장서인 날인된 『공자가어』

**그림 33**

1689년 기사년 이후 하사받은 이담명 내사본, 대구가톨릭대학교 소장

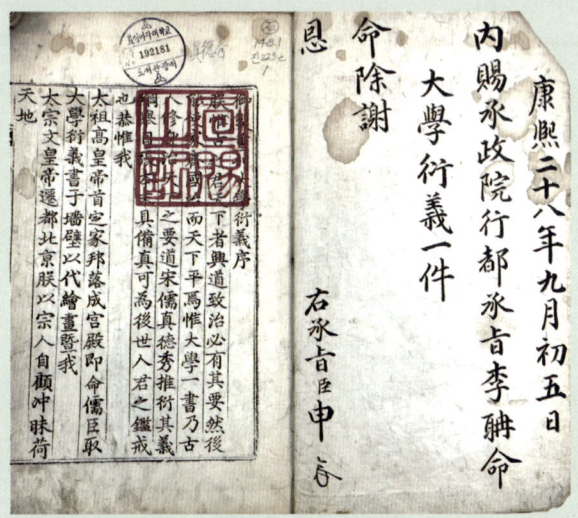

1689년 이담명 내사본 『대학연의』

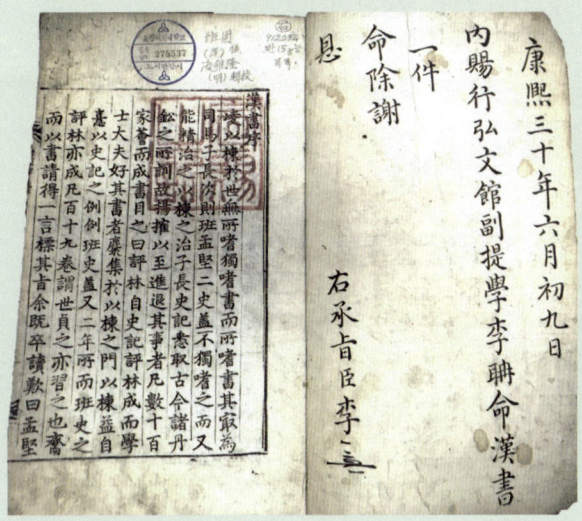

1691년 이담명 내사본 『한서』

그림 34

1689년 기사년 이후 이담명이 수집한 서책, 대구가톨릭대학교 소장, 광주이씨 이원정가 기증

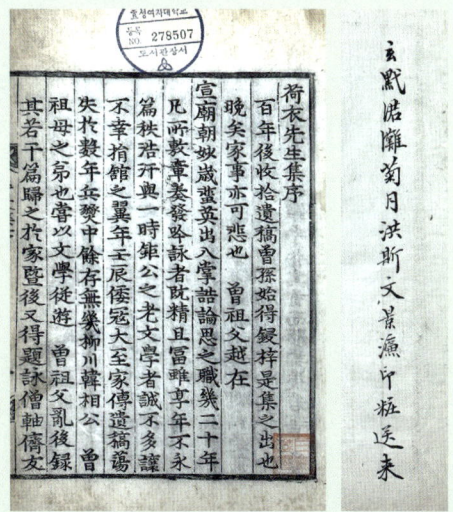

권말에 1692년 이담명의 묵서가 있는 『하의유고』

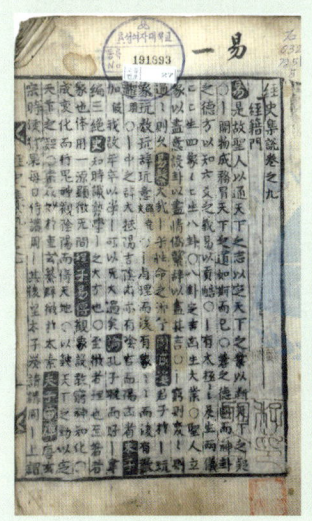

이담명 장서인이 날인된 『경사집설』

마지막 항목은 '기사후반사책' 9종과 '기사후조비책' 26종이다. 기사己巳는 이원정 사망 이후이며 서인이 축출되고 남인이 정권을 장악했던 1689년 기사환국을 의미한다. 마지막 항목의 서책은 1689년을 기점으로 이담명이 하사받은 내사본 9종과 수집한 서책 26종으로만 구성되어 있다. '기사후반사책'에 수록된 내사본 9종 가운데 '대학연의大學衍義', '열성어제列聖御製', '한서漢書' 등의 내사본은 실물이 남아있다(그림 33). 내사기에 의하면 『대학연의』는 이담명이 숙종 15년(1689, 강희 28) 9월 승정원 도승지 시절에 하사받았고, 『한서』는 숙종 17년(1691, 강희 30) 6월 홍문관 부제학 때, 『열성어제』도 같은 해 11월 성균관 대사성으로 있을 때 하사받은 것이다.

'기사후조비책'에 수록된 26종의 장서도 이담명이 수집한 서책들이다. 그 가운데 '홍하의집 일권洪荷衣集 一卷'과 '경사집설 칠권經史集說 七卷'으로 표기된 서책의 현존본 실물이 대구가톨릭대 도서관에 남아있다(그림 34). '홍하의집'은 홍적洪迪(1549~1591)의 『하의유고荷衣遺稿』를 가리킨다. 그 문집의 권말에는 이담명이 묵서한 "현익군탄玄黓涒灘(壬申, 1692년) 국월菊月(9월) 사문 홍경렴洪景濂(1645~1717)이 인출하고 장책하여 보내왔다."라는 내용이 있어 1692년에 이담명이 홍경렴으로부터 받은 장서임을 알 수 있다.[106] '경사집설'에 해당하는 현존본 실물은 15권 7책의 완질본이다. 이담명은 자신의 장서인 사용을 매우 절제하였는데, 이 서책에는 자신의 성명인을 새긴 장서인이 날인되어 있어 특별한 애정을 가졌던 서책으로 짐작된다. 이상에서 살펴본 바와 같이 광주이씨 이원정·이담명 부자는 서책을 보존해 온 시기 또는 수집했던 시기를 기준으로 장서를 분류하고, 이전의 장서목록을 참고하여 지속적으로 장서목록을 보완하며 장서 관리에 상당한 노력을 기울였다.

조선시대 장서가들의 서책 분류 방식은 단순한 목록 작성에 그치지 않고, 그들의 학문적 성향과 사회적 위치를 반영하는 중요한 지표로 작용하였다. 배삼익은 경사자집을 응용하여 주제별 체계를 세웠고, 송준길은 책의 입수 경로에 따라 정리하였다. 박세당은 자신의 실천적 생활 방식에 따라 장서를 재구성하였으며, 이원정·이담명 부자는 책을 보존하고 수집하였던 시기별로 장서를 관리하였다. 이들의 사례는 조선시대 지식인들이 서책을 어떻게 수집하고 관리하였는지를 구체적으로 알려준다. 더 나아가 지식인들이 책을 대하는 태도, 책에서 얻고자 했던 가치, 그리고 지식을 향한 여정을 생생하게 엿볼 수 있다. 이에 관한 연구와 관심은 조선시대 지성사와 장서 문화를 폭넓게 이해하는 데 중요한 단서를 제공해 줄 것이다.

## 1. 장서가는 어떻게 책을 수집했을까?

1 『세종실록』 세종 22년(1440) 8월 10일. "傳旨承政院 鑄字所模印書籍 頒賜 各品 其受賜者不用心粧䌙 以致損毀 自今令限以三月粧䌙呈本院 受宣賜之記 永以爲式."

2 『미암일기』 1573년 1월 25일. "承政院朴允貞 持頒賜禮記初卷來 感拜感拜 謹當寶藏 而永傳子孫."; 1573년 1월 28일. "校書館人 持希春受賜禮記二十 冊來 感喜罔涯."

3 内賜記, 『農事直說』(규장각본). "萬曆九年辛巳十二月日内賜春川府使朴承任 農事直說一件命除謝恩 右副承旨臣盧[手決]."

4 成渾, 「書内賜農事直說後」, 『牛溪先生集』 권6. "萬曆辛巳之春 渾赴召京師 抱羸疾不克早退 至八月 乃有出入經筵之命 于時頒賜圖書于臣僚 渾亦霑賜焉 天文圖·赤壁賦·小學集說·農事直說 皆是歲所賜也 渾以田野之賤 進而蒙天之 賚 曾始願之不及 摩挲寶什 不勝榮幸焉 就中此一書 則眞學稼之妙訣 農夫之 所先也 今者恩許歸田 退伏民伍 與隣翁野老 話桑麻於東阡北陌之間 讀是書而 相講 操耒耜以出野 賤臣之所以受用君賜者 其在於此書乎 欽玩之餘 不勝感 嘆 因書于下方以爲識云 翌年壬午七月有日 前司直臣成渾 敬書."

5 배현숙, 「안동 임연재종가의 『책치부』와 『외암비장』」, 『한국학논집』 78, 한 국학연구원, 2020, 326-329쪽.

6 손계영, 「동춘당 후손가 가전 『가정서적부』의 작성시기에 대한 고찰」, 『서 지학연구』 38, 한국서지학회, 2007, 199-202쪽.

7 권두제 서명은 『須溪先生校本韋蘇州集』(고려대학교, 만송 貴390A)이다. 10권 3책 완질본이고 갑인자로 인출된 금속활자본이다.

8 裵三益, 「詩秩」, 『册置簿』. "韋蘇州集(二件) 一件三卷鑄(全) 一件二卷木(全)."

9 裵三益, 「藏書記」, 『須溪先生校本韋蘇州集』(고려대본, 만송 貴390A). "隆慶 庚午夏得於書肆."

10 裵縡, 「後識」, 『畏巖秘藏』. "噫惟我先祖, 隆慶萬曆年間, 若干書卷, 得於時時 諸君子, 或買得於行商."

11 우정임, 「16세기 전반기 書肆의 설치 논의와 그 의미」, 『역사와 경계』 54, 경남사학회, 2005, 159-189쪽.

12 『중종실록』 중종 17년(1522) 3월 4일.

13 『중종실록』 중종 24년(1529) 5월 25일.

14 『중종실록』 중종 33년(1538) 3월 11일, 중종 37년(1542) 7월 27일.

15 『명종실록』 명종 6년(1551) 5월 26일, 5월 27일.

16 박희영, 김치우, 한동명 등은 1551년(명종 6)에 서사가 설치되었다고 주장 하였던 반면 박상균, 정형우, 우정임 등은 16세기에 서사가 설치되지 못했 다고 주장하였다. 박희영, 「書肆攷」, 『국회도서관보』 4(11), 1967; 김치우, 「書肆의 설립에 관한 연구」, 『부산여대논문집』 10, 1981; 한동명, 「조선 초 서적출판정책에 관한 일고」, 『경희사학』 14, 경희사학회, 1987; 박상균, 「조선사회의 도서유통구조변천고」, 『서지학산고』, 민족문화사, 1989; 정형 우, 「조선시대 서사제도」, 『조선조 서적문화 연구』, 구미무역출판부, 1995; 우정임, 「16세기 전반기 書肆의 설치 논의와 그 의미」, 『역사와 경계』 54,

경남사학회, 2005.

17 이문건, 『묵재일기』, 1551. 7. 19. "吉敎授謙往全州歷見 以冊紙五十卷寄送 請印周易."; 1551. 8. 2. "義城倅李大升印送海東名蹟一件 前者吾送紙墨求 之也."; 1551. 10. 26. "吉謙印送全州易傳二十五卷以送 修答."; 1553. 11. 10. "考儲紙幷計七十四貼 裹付萬守 使呈南原判官印韓文·伊洛淵源等冊也."

18 柳希春, 『미암일기』. 1571년 5월 10일, 1568년 2월 15일 등. 손계영, 「지 방관과 선조문집간행」, 『영남학』 15, 경북대학교 퇴계연구소, 2009, 12쪽.

19 1567년 창건 당시에는 德城書院이라 하였으며 1634년 예림서원으로 명칭 이 변경되었다.

20 권두제 서명은 『太師徽國文公年譜』(고려대학교 만송문고 貴376, 2책)이고, 표제는 '朱子年譜'이다. 앞면지에는 "嘉靖丙寅秋 密陽府使李先生玉應印贈." 이라고 필사하였다.

21 裵繼, 『畏巖秘藏』, "朱子年譜 二件各二卷 一件(全) 嘉靖丙寅秋密陽府使李丕 應印賜."

22 권두제 서명은 『須溪先生校本韋蘇州集』(고려대학교 만송문고 貴390, 목판 본, 2책)이고, 앞면지에는 "隆慶戊辰春凝川使君李丕應印贈."이라고 묵서하 였다.

23 李元禎, 藏書記, 『習齋先生詩集』(대구가톨릭대본). "甲午建未 星牧權士和贈."

24 權諰, 「跋文」, 『習齋先生詩集』. "歲癸巳(1653)季冬月 不肖曾孫星州牧使權 諰謹識."

25 姜楷, 藏書記, 『朱子書節要』(대구가톨릭대본), "甲子孟夏 李東陽魁營門白日 場 以所得賞賜朱書節要一帙 持獻之."

26 강해의 본관은 진주晉州, 자는 계범季範, 호는 기헌寄軒이며, 1705년 생원시 에 합격하여 제릉 참봉齊陵參奉에 임명되었으나 나아가지 않았다.

27  姜楷, 藏書記, 『朱子書節要』(대구가톨릭대본), "嗚呼 東陽今亡矣 此冊益可貴
    也 吾沒後 還付宗悅 可矣."

28  李泰運, 藏書記, 『朱子書節要』(대구가톨릭대본). "此吾先考賞得之冊 而奉獻
    于寄軒先生者也 丙寅之後 先生已有還付之命矣 先生易簀之後 此冊又還吾家
    每觀此 不覺愴懷之難禁 後二十年己丑 書于冊末."

29  『태종실록』 권28, 태종 14년 7월 17일.

30  전경목, 「조선후기 지방유생들의 수학과 과거 응시」, 『사학연구』 88, 한국
    사학회, 2007, 283-288쪽; 이지은, 『17~18세기 경상도 사족의 과거 체
    험』, 경북대학교 석사학위논문, 2013, 14-15쪽.

31  하동률, 「영영일기에 나타난 조선후기 관찰사의 생활상」, 서울여자대학교
    석사학위논문, 2014, 40-41쪽.

32  『청대일기』 1708년 8월 29일. "聞方伯到順興 合四五邑 又行白場 會者
    七八百人云."

33  『영영일기』 1752년 2월 27일. "夕後畢考撤場拆榜後 與入格儒生呼鍾于此
    大奏風樂 命妓歌舞 酒三行 施賞有差."

34  安鼎福, 藏書記(墨書), 『歷代通鑑纂要』(남평문씨본). "上之二十六年 南泰良
    以嶺伯承命 刊于嶺營 裨將南衍明 董役 印來一本 給其子泰國 余家本無史書
    故請買于泰國折錢十五兩 蓋以余所欲不問價之多寡 惟主言之從 而錢無可辦
    之路 古人言遺子黃金滿籯 不如敎子一經 斥賣墓田 誠有不忍 然使子孫能體
    余買置之意 而勤加工夫 則此墓田輕重有存矣 是以賣二處受本價 以給而買之
    後來子孫之讀是書者 不知顚末 故書以示之. 時辛卯流月二十四日 漢山病夫
    書. 書面題目 則尸庵永嘉權孟容巖筆也."

35  황윤석, 『이재난고』, 1787년 1월 23일. "送朱子大全價十六兩于座首 使傳
    黃老時亨 因付書〈與黃老時亨〉昨承左顧 感慰無量 伏惟夜來靜養增衛 胤錫
    一味昏憒 只俟歸期而已 竊聞鄕廳所告 則惠借朱子大全 許以十六兩折價."

36 『승정원일기』영조 35년(1759) 7월 28일 병자. "米價則自有通八道均行之
定規一石五兩…."

37 安鼎福,「題劉氏剡少微通鑑節要外紀後(丁亥)」,『順菴集』卷19. "東方刊書難
士又讀書難 涑水通鑑 考亭綱目 世不多有 而人亦厭其秩多 初不敢讀 自宣廟
壬亂後 書籍又湮矣 洪慕堂履祥得少微通鑑節要 刻之花山 由是大行于世 人亦
便其簡徑 遂為蒙稚入學之初程 然而只自威烈王戊寅以下刊行 而泝而上至太
古 劉氏剡原本固在而闕之 意其文之不雅馴而然也 好古者恒以無頭史為恨 歲
丁亥春 鑑湖權孟容素知余有史癖 探友人舊篋中 得唐印一弊冊 携而示之 卽
劉氏本也 書凡五篇 分授鄉里少友 膳置之 後日吾黨有能刻通鑑者 幷此刻之
則古史首末備矣 豈不幸哉."

38 안병걸,『순암 안정복의 생애와 저술, 순암 안정복의 일상과 이택재 장서』,
성균관대학교출판부, 2013, 85~118쪽.

39 安鼎福,『安鼎福日記』五, 국립중앙도서관본(한貴古朝93-44-5).

40 柳希春,『眉巖集』권18, 經筵日記 갑술년(1574, 선조 7) 12월 15일 기사.

## 2. 장서가는 어떻게 책을 관리했을까?

41 이운지 권6, 圖書藏訪 上,「購求」.

42 안정복,「題著書籠」,『順菴集』卷1.

43 이문건,『묵재일기』1551. 9. 5. "為金世紹寫千字一本 手粧之"; 1553. 3. 26.
"童蒙先習一冊子公畢 吾手粧之 幷呈之"; 1556. 5. 20. "手粧舊陳直星冊 念天
只常蓄者故也"; 1558. 6. 19. "飯時病齒乃落 心似虛云 還堂 改粧衣古冊一卷"

44 이문건,『묵재일기』1548. 2. 16. "畫工同貢粧潢性理節要四卷來 饋酒 給
米五升"; 1548. 2. 28. "沈命吉印千字文 粧束持來 饋酒 給扇一"; 1552. 7.
7. "同貢作浣花帖來 與粮五升 酌送之."

45 이문건, 『묵재일기』 1553. 9. 6. "倩工于二道 則送沈命吉來 卽付文選印者 幷衣紙以送 使粧之"; 1558. 11. 29. "沈命吉粧衣十九史略八卷來 束以紅絲."

46 이문건, 『묵재일기』 1551. 8. 17. "叱同眞 … 付海東名蹟使粧之 紙及糊末付之"; 1552. 2. 24. "同眞始剪名迹兩册 持裝入紫之紬而歸."

47 이문건, 『묵재일기』 1552. 1. 17. "光州來中庸三件每五處張數錯入 召沈命吉改正改束 槀精紙一件改衣以粧."

48 이문건, 『묵재일기』 1552. 1. 10. "同眞作衣于周易持來 卷次第倒錯積束 卽令改正."

49 『상례비요』 앞면지 "乙丑夏得於營吏權運龍. 東灘主人志. 東灘卽春圃"; 뒷면지 "赤馬中秋上澣改糚 琴易堂藏."

50 宋時烈, 「李文楗 行狀」, 『國朝人物考』 册47, "博通群書, 筆法妙一世, 一時儕流無不推服. (중략) 有求墨妙者, 或草或楷, 灑然應副焉."

51 『묵재일기』에서 이문건이 1562년 한 해에 서책 표지의 책 제목 글씨를 부탁받은 사례는 다음과 같이 확인된다. 3. 24. 『맹자』 7책; 4. 5. 『논어』; 5. 23. 목사가 요청한 책; 5. 24. 『주례』 7권; 6. 10. 『회암서』 8권; 7. 10. 『두시』 10권; 8. 8. 오자강이 요청한 책; 8. 8. 『근사록』; 8. 8. 『곤지기』; 8. 21. 『근사록』; 8. 29. 김화가 보낸 책; 9. 28. 『송감』 15권; 9. 28. 『근사록』; 9. 29. 목사가 보낸 책; 9. 29. 이순이 보낸 책; 9. 30. 『송원사』 15책; 10. 3. 〈하락도서병풍〉 표지; 10. 12. 『역학계몽』 등.

52 이문건, 『묵재일기』 1552. 9. 19. "黃憕册四卷昨日來求題目. 朝書還送."; 1556. 1. 14. "令道 … 又送雜册十四卷 求題目 夜盡書之."

53 이문건, 『묵재일기』 1536. 6. 13. "奎星 … 求書《莊子》題目 書與之 以筆一柄遺我也."; 1553. 11. 26. "柳彦沂來求册題目 遺梨子三介."

54 이문건, 『묵재일기』 1556. 8. 9. "朴應烈來見 示黃耆老正字 求題目."

55 이문건, 『묵재일기』 1555. 9. 16. "士遇送唐詩選三冊 求題目 卽題還之 … 手動尤惡."; 1558. 2. 26. "牧伯送冊 求題目 書之 手戰不正."; 1561. 10. 9. "申喜來見 將冊四卷 求題目 卽書與之 手疲字荒."; 1561. 12. 4. "牧伯朱子書八冊題目入送 手病尤拙."

56 李聃命, 藏書記, 『新刻蘇板校正古本唐詩鼓吹』(대구가톨릭대본), "是凡四冊 而金秋伯宰達城時 印送于余 余欲得善寫者題其面 一日趙參判威明 訪余于於義第 趙公卽以筆名者也 出是冊請書題目 而偶遺其第四冊而未書其題矣 其後數年抽秩 考閱而始覺之 而趙公已作泉下人 嫌其二筆 令寫字官李益新 倣而書之 則其揮灑點畫 恰然與本筆相似 具眼者雖諦視之 亦未易辨其某爲趙某爲李 李亦善寫者 而其尤工於臨帖 可知也."

57 안정복, 藏書記(墨書), 『歷代通鑑纂要』(남평문씨본). "書面題目, 則尸庵永嘉權孟容巖筆也."

58 안정복, 「題劉氏剡少微通鑑節要外紀後」, 『순암집』 권19. "歲丁亥春 鑑湖權孟容素知余有史癖 探友人舊篋中 得唐印一弊冊 携而示之."

59 유만주, 『흠영』, 1784. 10. 10. "檢藏合緗于樓中 亹充然若有獲 勝於輂金輸穀 … 想錢宗伯 初得趙文敏漢書 其宝重之也 當不過斯 擬刻欽英之記 鎭每卷首 設定書曲讖 製古詩以識之."

60 유만주, 『흠영』 권5, 1780. 8. 2. "聞崔錫鼎藏書極富 而皆不用石記 一借人無推索之法 每戒子弟曰 書籍公物也 不可私守 吾適有聚書之力 故書聚於吾 他人獨不然乎."

61 현재의 종택은 안동댐 건설의 여파로 1973년 이건하여 안동시 송천동에 위치한다. 배현숙, 「안동 임연재종가의 책치부와 외암비장」, 『한국학논집』 78, 한국학연구원, 2020, 316-317쪽.

62 『청분실서목』, "秋江集五卷四冊 … 每冊首有琴易堂臨淵齋兩印記 知爲裵三益其子龍吉舊藏本", "佔畢齋集二十五卷八冊 … 每冊首有琴易堂山水亭兩印

記 乃知舊爲裵三益其子龍吉所藏本."

63  배집, 『畏巖秘藏』. "古置簿合二千八百八十二, 時存一千四百, 不秩合 一百三十八, 匱藏三十五卷."

64  유희춘, 『미암일기』 1570년 12월 9일; 1575년 10월 29일; 1575년 10월 30일; 1575년 12월 11일.

65  정정남, 「16·17세기 사대부주택의 공간구성과 활동」, 경기대학교 박사학위 논문, 2003, 55-58쪽.

66  김택룡, 『操省堂日錄』. 1612. 2. 3. "夕出冊房點檢書籍."; 1612. 3. 23. "坐冊房靜室 披覽書史漢書敬軒等書."; 1612. 7. 2. "還家令德龍季架補冊房 雨漏處."; 1612. 7. 20. "家居點閱書籍."; 1616. 11. 1. "令珏點檢書冊箱 命封置之以室 無守者慮疎慮失故也."; 1617. 8. 7. "朝論卜改冊房地防木."

67  서유구, 「衡泌舖置」, 『怡雲志』 卷1. 임원경제연구소 역, 『이운지1』, 풍석문화재단, 2019, 143-147쪽.

68  서유구, 「圖書藏訪 上」, 『怡雲志』 卷6. 임원경제연구소 역, 『이운지4』, 풍석문화재단, 2019, 63-64쪽.

69  서유구, 藏弆, 「圖書藏訪 上」, 『怡雲志』 卷6. 임원경제연구소 역, 『이운지4』, 풍석문화재단, 2019, 77쪽.

70  배현숙, 「안동 임연재 종가의 『冊置簿』와 『畏巖秘藏』」. 『한국학논집』 78, 한국학연구원, 2020, 307-385쪽.

71  손계영, 「동춘당 후손가 가전 『가장서적부』의 작성시기에 대한 고찰」, 『서지학연구』 38, 한국서지학회, 2007, 193-225쪽; 손계영, 「박세당의 장서목록 『家藏書籍』 연구」, 『장서각』 26, 한국학중앙연구원, 2011, 222-255쪽.

72  김영진, 「조선후기 私家 藏書目錄에 대한 일고 -심억·심제현, 이원정·이담명의 목록을 중심으로」, 『한국한문학연구』 77, 한국한문학회, 2020,

469-505쪽; 정인영, 「우복종가 『書冊錄』의 서지학적 분석」, 『서지학연구』 86, 한국서지학회, 2021, 145-166쪽; 김학수, 「17세기 사대부의 지식문화기반의 구축과 활용 -조극선의 『忍齋』·『冶谷日錄』에 나타난 지식정보의 획득 및 활용양상」, 『영남학』 76, 경북대학교 영남문화연구원, 2021, 105-163쪽.

73  김현영, 「순암 이택재 장서의 형성과 산일」, 『순암 안정복의 일상과 이택재 장서』, 성균관대학교출판부, 2013, 11-63쪽.

74  배현숙, 「안동 임연재 종가의 『冊置簿』와 『畏巖秘藏』」, 『한국학논집』 78, 한국학연구원, 2020, 307-385쪽.

75  배현숙, 「萬卷樓藏書考」, 『오산류동렬선생정년기념논문집』, 1992, 271-292쪽; 배현숙, 「곡성 정씨가 黙谷室 장서」, 『문헌정보학보』 5, 한국문헌정보학회, 1993, 331-353쪽.

76  옥영정, 「추사가의 장서목록인 『留餘觀藏書』에 관한 연구」, 『경북대 문헌정보학과 창립 20주년 기념논문집』, 1994, 661-691쪽.

77  윤동원, 「추사 김정희의 구장서목록 고찰」, 『디지틀도서관』 65, 한국디지틀도서관포럼, 2012, 94-108쪽; 부유섭, 「壯洞 金門의 서적 유통과 지식 재생산」, 『민족문화』 41, 한국고전번역원, 2013, 131-165쪽; 김소희, 「팔송 윤황 종가의 장서목록에 관한 연구」, 『전북사학』 58, 전북사학회, 2020, 173-215쪽.

78  유만주, 『흠영』, 1786년 1월 18일. "澟 … 示肅敏書目一冊 … 夜始閱澟奇書目 以金石山海靜遠留通等字分十八樻 凡二千八百七十四卷 貯長淵妙陰寺者也 其中如邵子全書十五冊呂氏春秋四冊太玄二冊四書人物考六冊 皆注尤菴借."

79  서유구, 購求, 圖書藏訪 上, 怡雲志 卷6. 임원경제연구소, 『이운지』 4, 풍석문화재단, 2019, 49-50쪽.

80 李萬運, 「從五代祖大司憲府君墓碣銘」, 『默軒先生文集』 卷10. "己酉 拜兵曹
佐郎 陞正郎 出爲伊川縣監."

81 李元禎, 「乞暇疏」, 『歸巖先生文集』 卷2. "且臣老母方就食於臣弟元禄任所伊
川縣 今於萬里之別 不得一見而去."

82 李元禎, 「家狀」, 『洛村文集』 卷3. "壬午春 移寓州之城西 甲申夏 疾復劇 十
月 還梅院."


## 3. 장서가는 어떤 기준으로 책을 분류했을까?

83 배삼익의 장서목록에 대해서는 배현숙 논문에서 상세히 다룬 바 있다. 배현
숙, 「안동 임연재 종가의 『책치부』와 『외암비장』」, 『한국학논집』 78, 한국
학연구원, 2020, 307-385쪽.

84 裵三益, 『冊置簿』. "經 如六經之類. 史 如春秋綱目, 通鑑之類, 文獻事文." 사부
의 '문헌'과 '사문'은 『문헌통고文獻通考』와 『사문유취事文類聚』를 의미하는 것
으로 보인다. 실제 『문헌통고』는 사부史部의 정법류政法類로 분류되기에 배
삼익이 말한 사부에 해당되지만, 『사문유취』는 자부子部의 유서류類書類로
분류되기 때문에 사부에 해당되지는 않는다. 배삼익의 장서목록에서 사부
서책이 수록되어 있는 '사기질史記秩'에는 『춘추』, 『강목』, 『통감』 등의 역사
서뿐만 아니라 『문헌통고』와 『사문유취』도 수록되어 있다.

85 裵三益, 『冊置簿』. "子 如四書程朱老莊. 集 如韓柳李杜之類."

86 임연재종가의 전래본과 수장처에 대해서는 배현숙, 「안동 임연재종가의 『책
치부』와 『외암비장』」, 『한국학논집』 78, 한국학연구원, 2020, 369-376쪽;
배현숙, 「안동 임연재 배삼익의 서적 수장과 전래」, 『안동학』 20, 한국국학
진흥원, 2021, 105-106쪽이 참고된다.

87 손계영, 「동춘당 후손가 가전 『가장서적부』의 작성시기에 대한 고찰」, 『서지학연구』 38, 한국서지학회, 2007, 193-225쪽.

88 내사질, 가인질, 차래질 등 3개의 항목은 책수를 표기할 때 단위 없이 숫자만 기재한 반면, 불질류의 경우에는 책수의 단위에 '冊'이라는 단위를 표기하였다. 이런 점에서 송준길 이후에 누군가가 추가한 것으로 보인다.

89 내사본이 아닌 서책에는 '同春翁'이라는 印文의 장서인을 사용하였다. 크기는 4.4×4.4cm의 큼직한 인장이다. 은진송씨 동춘당 후손가에서 전래된 서책 가운데 '同春翁' 인장이 찍혀있는 경우는 『孟子或問』, 『大學章句或問』, 『春秋胡氏傳』, 『史漢一統』, 『朱文酌海』(목판본), 『朱文酌海』(필사본), 『小學諸家集註』, 『兩先生往復書』, 『歐陽文忠公集』, 『白沙先生集』, 『愚伏先生文集』, 『二程全書』, 『破閑集』, 『詳說古文眞寶大全』 등 총 14종이 확인된다. 손계영, 「장서인을 통해 본 동춘당 후손가의 장서 형성 배경」, 『고문서연구』 34, 한국고문서학회, 2009, 7-8쪽 참조.

90 손계영, 「동춘당 후손가 가전 『가장서적부』의 작성시기에 대한 고찰」, 『서지학연구』 38, 한국서지학회, 2007, 209-218쪽 참조.

91 글씨 비교에 사용된 송준길의 필적은 (A) 宋浚吉, 〈同春筆蹟〉, 44.5×31.0cm, 현종년간, 대전시립박물관 소장(『한국간찰자료선집Ⅵ -회덕 은진송씨 동춘당 송준길후손가편Ⅰ』, 한국정신문화연구원, 2004, 194-223쪽), (B) 宋浚吉, 〈閔機神道碑銘帖〉, 34.0×26.0cm, 1669년, 학고재 소장(『朝鮮中期書藝』, 예술의전당, 1993, 도84), (C) 宋浚吉, 〈同春筆蹟〉, 54.2×34.5cm, 17세기, 진주정씨 우복종택 소장 자료를 사용하였다.

92 정경세 장서목록에 대해서는 정인영, 「우복종가 『서책록』의 서지학적 분석」, 『서지학연구』 86, 한국서지학회, 2021, 145-167쪽.

93 『書冊錄』, 진주정씨 우복종가 소장본, '此以上同春堂手筆, 以下喚惺齋手筆.'

94 손계영, 「박세당의 장서목록 『가장서적』 연구」, 『장서각』 26, 한국학중앙연구원, 2011, 223-255쪽.

95 다른 장서가들과 비교해보면 정경세의 경우 24%, 이원정의 경우 23% 등 대부분 사부가 차지하는 비율이 20% 이상인 것으로 확인되는 반면, 박세당의 경우에는 사부 장서량이 적은 것이 이채롭다.

96 서계종가 가전 고서 가운데 박세당의 장서인이 찍힌 『詩傳大全』과 『增修附註資治通鑑節要續編』은 현재 각각 8책과 1책이 남아있다. 『가장서적』에 수록된 '詩傳 十冊'(첫 번째 항목) 및 '通鑑續編 十五冊'(두 번째 항목)의 현존본으로 추정된다.

97 「西溪先生門人錄」, 『西溪全書』, 태학사, 1979, 455-457쪽.

98 "自公休退之後 年少後生 束脩願學 爭赴門下 公皆欣然受之." 「諡狀」, 『西溪集』 卷21.

99 朴世堂, 「題雲路韻歐陽率更醴泉碑後」, 『西溪集』 卷8. "余使燕 持醴泉銘以歸 字多殘缺 兒子泰維擇點畫完者 得二百二十四字 欲刻之石."

100 朴世堂, 「與李達卿德孚」, 『西溪集』 卷19. "陰記 亦略述以送 病不能早爲 臨忙怱卒 亦不能滿意矣 陰記小字 何人當書之 曾聞欲集柳書爲之 豈不甚好 而但集字之法 必多聚一人之書 大小又不大段相遠 然後方可得成 闕字多則無如之何矣 多寶塔字數甚多 雖非大字 猶不至細小 集此爲之 則當絶勝於時俗人拙書 否則或集亡息書 似亦無妨 今欲集字而必求字大如玄祕者 則恐不易也."

101 朴世堂, 「李德孚妻墓表」, 『西溪集』 卷14.

102 유지복, 「《西溪遺墨》을 통해 본 朴世堂家의 서풍」, 『장서각』 28, 한국학중앙연구원, 2012, 9쪽.

103 朴世堂, 「西溪淸玩跋」, 『西溪集』 卷8. "幽薊道中 得此卷 所記商霖良弼 不

知爲誰氏畫 非甚佳 猶蕭散閒遠 多得筆外之意 亦足喜也 有時開卷 寄懷不
淺 故愛蓄之 屬久雨愁坐 令兒子書此 丙辰六月二十二日 潛叟識."

104 이원정의 장서목록 『광주이씨서책치부』에 대해서는 손계영, 「17세기 이원
정(1622~1680)의 장서목록과 장서구성」, 『서지학연구』 88, 한국서지학
회, 2021, 49-77쪽.

105 이원정·이담명 부자의 『완부조비서책』에 대해서는 김영진, 「조선 후기 私
家 藏書目錄에 대한 一攷 -심억·심제현, 이원정·이담명의 목록을 중심으
로」, 『한국한문학연구』 77, 한국한문학회, 2020, 490-497쪽.

106 李聃命, 藏書記, 『荷衣遺稿』(대구가톨릭대본), "玄黓涒灘菊月洪斯文景濂印
粧送來."